Goethe, Johann Wolfgang von; Nichols, Alfred Bull

Goethe in Italy. Extracts from Goethe's Italienische Reise, for Cassroom use

Goethe, Johann Wolfgang von; Nichols, Alfred Bull

Goethe in Italy. Extracts from Goethe's Italienische Reise, for Cassroom use

Inktank publishing, 2018

www.inktank-publishing.com

ISBN/EAN: 9783747789629

EXTRACTS FROM GOETHE'S

Italienische Reise

FOR CLASSROOM USE

EDITED WITH NOTES AND INTRODUCTION

BY

A. B. NICHOLS
PROFESSOR OF GERMAN IN SIMMONS COLLEGE

NEW YORK
HENRY HOLT AND COMPANY
1909

PREFACE

THE choice of the following extracts has been governed by the wish to provide interesting reading-matter for the class-room. From selections made with such an aim much of what fell within the wide range of Goethe's interest is excluded. His observations on the geological and mineralogical character of the regions through which he passed, his notes on botany, on the nature of the soil and on methods of tillage, his researches in history and archeology, are too technical to be either interesting or profitable to the student. His comments on art — on the pictures, the statues, the edifices that he saw — are also for the most part not of general interest. But his delight in human nature lends his shrewd observation of the people and their ways a perennial charm, his adventures by land and sea are very entertaining, and his quick eye for natural history has furnished some admirable descriptions.

The editor has found the material well suited for rapid reading in the second or third year. Its variety of topic keeps interest alive and affords a large vocabulary, and any contact with so vigorous and active a mind as was Goethe's is intellectually stimulating. It is profitable to study *das Ewig-Goethe'sche;* it is also profitable to see the world through the eyes of a great man. The style is generally lucidity itself, and its vivacity and immediateness are beyond praise.

The frontispiece is after the well-known picture by Tischbein of Goethe in the Roman Campagna (cf. page 53).

SIMMONS COLLEGE, January, 1909.

CONTENTS

INTRODUCTION

1. Frankfort, 1749–65.

Johann Wolfgang von Goethe — one of the world's greatest men — was born in Frankfort-on-the-Main, August 28, 1749. His great-grandfather was a Thuringian blacksmith, whose son, Goethe's grandfather, had come to Frankfort to seek his fortune, had married a well-to-do widow and accumulated the wealth that enabled Goethe's father to lead a life of elegant leisure. The latter had married into a good Frankfort family and occupied a position of social dignity in the little Free City — as Frankfort then was — where there was no court to cast the patrician merchants in the shade.

The elder Goethe was a staid, precise man of cultivated tastes. He had been in Italy and the walls of the fine house he had built himself (now a Goethe museum) were hung with the engravings he had collected. From his father Goethe inherited his love of order, his power of systematic application, and an early interest in art and literature. The mother was only eighteen when her son was born, and to her and to his younger sister Cornelia the lad was bound by a beautiful and tender tie. From his mother came his imaginative powers and his gift of expression. The father died in 1782, the mother lived until 1808 — a spirited, alert old lady who, when the French bombarded Frankfort in 1792, refused to take refuge in the cellar, but remained at her window to see all that was going on. Her letters are delightful.

The lad was kept strictly at his tasks, but saw at the same time much of the life about him. The occupation of the city by the French in 1759 brought him in contact with cultivated Frenchmen and with the French stage. His attempts at literary composition began early, his thought and imagination developed independent life. The earthquake of Lisbon (1755) roused doubts in his mind as to the rule of a beneficent deity; the family schism over the events of the Seven Years' War brought home to him political ideas — he himself was an ardent partisan of the great Frederick. The life of his native town, its fairs, its venerable buildings, its rôle of coronation city for the German emperors, the pleasant country about it, opened vistas to the lad's imagination.

2. Leipzig, Strassburg, Wetzlar, 1765–75.

In 1765 Goethe went to the University of Leipzig. Its instruction appealed to him little, but he came in contact with a cultivated circle that gave him ideas, and a love-affair with an amiable girl, Kätchen Schönkopf, developed his emotional life. From this time date his first lyrics of permanent interest and two slight plays in Alexandrine verse, *Die Launen des Verliebten* and *Die Mitschuldigen*. In 1768 he returned home in bad health, and after a year and a half of impatient idleness resumed his studies, this time in the University of Strassburg. He was destined for the law, but his wide-ranging mind followed every channel that opened, — chemistry, medicine, the natural sciences, literature. In Strassburg he profited greatly by intimate contact with the vigorous and richly-stored mind of Herder. Another formative experience was his love for Frederica Brion, the daughter of a Lutheran pastor in the neighboring village of Sesenheim. Frederica lives immortal in the exquisite story of their pure passion (*Wahrheit und Dichtung*, 10, 11.)

Goethe took his degree in law in 1771 and returned to Frankfort, where in 1773 appeared his *Götz von Berlichingen*. The historical Götz was a noble of the 16th century. The theme of the play is his feud with the Bishop of Bamberg and the quarrel into which he was drawn with the emperor. It is the picture of the revolt of a vigorous and noble nature from petty constraints, a revolt to which misrepresentation lends the air of treason and which ends in the hero's imprisonment and death. The *Götz* abounds in the defects incident to youth and inexperience, but it has power and was a trumpet-peal to the young enthusiasts of the day. It was emotional, it was vivid, it defied convention, it preached liberty, — and, let us add, it was sane for all its extravagance and alive for all that its source was a book.

In 1772 Goethe had gone to Wetzlar, then the seat of the imperial courts, to complete his legal training. His impressionable heart was caught by the charms of Lotta Buff, the affianced bride of his friend Kestner. Like an honorable man he fled the field, but embalmed his experience in *Die Leiden des jungen Werthers*, a book which on its publication in 1774 ran over Europe like wildfire. If the *Götz* had fired the souls of young Germany, this wrung their heartstrings. To Goethe's young contemporaries — the elder, e.g. Lessing, shook their heads — it was a revelation of the depths of the heart. They regretted that they could not die like Werther (some of them did, for sentimental suicides increased), dress like him they could. Napoleon carried the book with him on his campaign in Egypt. It was translated into all the languages of Europe. The work is a tale in the form of letters from the hero, a young sentimentalist who has fled the world to dwell with Nature *à la Rousseau*. He meets Lotta, a sunny, wholesome creature, who offers him friendship, but not the love he craves — she is already betrothed. Her marriage throws a pall over the world. Werther becomes a prey to melancholy of the deepest dye. He has a last passionate interview with Lotta — and then shoots himself. The plot is enriched with masterly pictures of nature, shrewd insight into the psychology of mood and great charm of style. In spite of its pathological taint it is a great book because it is the product of a great mind kindled with youthful passion and depicting in masterly fashion the phases of a soul distracted by its own contradictory impulses. Goethe rapidly outgrew it and came eventually to look back on it with much distaste.

To the same period belong the two prose dramas *Clavigo* (1774) and *Stella* (1776). They rank among Goethe's minor works.

3. WEIMAR, 1775–86.

It was a happy day for Goethe, for Germany, and for the world when in 1774 the young duke of Saxe-Weimar came to Frankfort and the new planet swam into his ken. Karl August was a great man, high-minded, generous, the first German prince to give his people a constitution and address them as "citizens," not "subjects." He had, too, a quick eye for greatness in others and the warm heart to welcome and foster it. At his invitation Goethe went to Weimar in November, 1775. It was the beginning of a life-long friendship. It was the opening to Goethe of the doors of opportunity. For more than half a century Weimar was the intellectual center of Europe. In it gathered the circle that has made it rank with Athens and Rome as one of the homes of thought,— the circle of which Herder, Wieland, Schiller were members. Saxe-Weimar was a tiny state, but it afforded Goethe precisely the field he needed to develop his powers. He was soon given a position of responsibility, ultimately he became prime minister.

The next few years saw comparatively little from his pen. The gay life of the court, the new friendships, the administrative tasks that fell to him, suspended for a time his creative instincts. Not that these ceased. There was always an idea in his mind, a manuscript on his desk, that ripened and drew nearer completion. Many of his lyrics were born of an hour snatched from the pressure of business. He learned by personal inspection the resources of the little state. Mines, forests, roads, agriculture, industries, schools, churches, the theater, the army, all came under his supervision. He learned to know men, from the peasant to the prince. He gathered about him a circle of kindred spirits for whom his wit sparkled the brighter that his days were passed in what a lesser man would have called dull routine. This great realist got to close quarters with life by living it, not by watching it, notebook in hand. Year by year his store of knowledge grew, the confused facts reduced to order, their dull substance lighted up by the penetrating flash of imaginative power. For this was Goethe's great revelation to his countrymen — of the imagination as an organ for attaining truth. It was no magical process, any more than it was with Shakespeare. Time has wiped out the traces of the toil of the latter, but what it was we can guess from the almost too ample record that we have of the development of Goethe's genius. But above and behind all was that lightning flash of imaginative insight that fused the most refractory elements — that made of two things "not a third thing, but a star." Goethe never affected the oracular tone of lesser men. He is sometimes irritating in his methodical record of the processes of creative thought. But the crowning act of combination of which is born new truth — for that even he has left us no formula.

In these earlier years in Weimar Goethe wrote many graceful cantatas and masques for the amateur court stage. They were played, usually in the open air, by members of the court circle, Goethe being at once author, stage manager and actor. More substantial products of the ten years between his arrival in Weimar and his journey to Italy are the earlier drafts of the three great plays, *Egmont*, which he left permanently in prose, *Torquato Tasso* and *Iphigenie auf Tauris*, both of which he ultimately recast in verse.

Egmont, though not published till 1788, originated while Goethe was still in Frankfort and embodies a phase of his unriper self. Although rightly classed among Goethe's major works and effective on the stage, it is not dramatic in the strictest sense. It is rather the study of a character — of one side of Goethe's own. *Egmont* is one of the nobles most active in the resistance of the Netherlands to the tyranny of Spain. From the cares of state he turns for refreshment to his humble mistress Clärchen. Blind to the gathering storm, he goes his way, as Schiller says, "like a sleepwalker on the ridge of a roof." Orange warns him of his danger and begs him to share his flight, but Egmont persists in his illusion that no one can wish to lay hand on so loyal a servant of the king. Alba draws the net closer and closer about him and traps him into expressions that may be interpreted as disloyalty. To his own incredulous amazement he is arrested and sentenced to death. Clärchen tries in vain to rouse the populace to his rescue, takes poison and dies — appearing to Egmont in his cell in a vision as Goddess of Liberty. Egmont goes with firm step to the scaffold, consoled by the thought that what was to be must be. With *Egmont* ends the work of what may be called Goethe's prentice years. With his visit to Italy a new stage of his life began.

4. ITALY, 1786–88.

In September, 1786, Goethe vanished from Weimar and his friends first heard of him again on his way to Italy. He was tired. The constraints of official life, the compression of his larger self, had become intolerable. He had outgrown the high animal spirits of youth and his maturer judgment told him that there was a mastery to which he had not yet attained. The instinct to escape was reinforced by a longing for Italy that had grown with his growth. What this visit to the land of classic and Renaissance art meant to him the *Italienische Reise* shows. It opened to him a new world, for we must remember that there were no photographs in those days, and few casts. Any city schoolboy to-day has seen more of the masterpieces of classic art in good reproductions than had Goethe in all these years. He was starving for beauty. The gray skies of the north, its vigorous but often grotesque art, the confusions of contemporary life, vanished in the southern sunshine, in a world dominated by forms from which time had stripped all that was accidental. That fusion of the ideal and the real of which he had dreamed he saw realized in classic sculpture, and in only a less degree in the works of Raphael and Michelangelo. He learned the power of style, of beauty of form, that it was no mere accessory but of the essence of great art. He learned to prize symmetry, proportion, harmony, and turned from Gothic extravagance and caprice with a distaste that made him often unjust. Beauty became his watchword, but it was beauty as the perfect expression of the thought, not apart from it. The transformation puzzled his contemporaries, it estranged not a few. But it was not idly that Goethe called his arrival in Rome his "second birthday."

Goethe's assiduous study of history, archeology and art still left him time for composition. He had brought with him the prose drafts of the *Iphigenie* and the *Tasso*, and he set to work to recast them in verse. Of the *Iphigenie* (published 1787) he made a witness to the power of the Greek spirit. The passion is as strong as that of the *Götz*, but it is passion sweeping with the smooth tide of a great river, not plunging in foam like a mountain torrent. Iphigenia, the daughter of Agamemnon, had been chosen as a victim to appease the wrath of Diana, who was detaining the Greek fleet at Aulis with head-winds. The goddess had snatched the maiden from the altar and conveyed her to Tauris (the Crimea), where she has become priestess in Diana's temple. She lives honored and reverenced by the barbarians around her, but she yearns for Greece and home. Meanwhile Agamemnon has been slain by Clytemnestra, Orestes has in turn slain his mother and is roaming from land to land pursued by the furies of a guilty conscience. Iphigenia is being wooed by the barbarian king Thoas when Orestes is wrecked on the coast and handed over to the priestess as sacrificial victim. The relationship is discovered through Orestes' companion Pylades and Iphigenia is persuaded to aid their plans of flight by deceit. From this she shrinks and at last appeals frankly to the generosity of Thoas. His reluctance and resentment are overcome and he allows them to depart in safety. It is the triumph of character over the accidents of fate and a hostile human will.

In *Torquato Tasso* (published 1790) Goethe turned to Renaissance Italy for his theme. The Italian poet Tasso (1544–95) is living at the court of the Duke of Ferrara. At the opening of the play he has put into the duke's hands the manuscript of the *Jerusalem Delivered* and has been crowned with a laurel wreath by the duke's sister, Leonore d'Este. The minister Antonio mocks at this and the enraged poet draws his sword in the precincts of the palace, for which offence he is laid under light arrest. The duke seeks to soothe his wounded feelings, but in vain. Tasso only asks permission to leave Ferrara, which the duke reluctantly grants. When he takes leave of the princess he so loses self-control as to betray to her his passion. After this his departure is inevitable. *Tasso* is, like *Egmont*, a character-study rather than a drama. It is a masterly analysis of the *genus irritabile* and a lasting contribution to the psychology of the poetic temperament. The form is very perfect and the fall of the verse of great charm.

Neither the *Iphigenie* nor the *Tasso* pleased Goethe's friends in Weimar. They could not comprehend the transformation that had come over him. The poems seemed to them cold beside the lavish emotional display of the *Götz* and the *Werther*. Goethe was called a renegade, an apostate from the German muse. It was only the lapse of years and the education that Goethe gave his countrymen that enabled them at last to do him justice. He was warmly welcomed back to Weimar in June, 1788. The duke freed him from all official duties, while giving him a seat in the council. During his absence a spacious house had been built for him. There began the long years of peaceful industry that ended only with his death in 1832. He never again left Weimar for any length of time.

The *Italienische Reise* was published in 1816. It was based on Goethe's diary and on his letters home, chiefly those to the duke, to Herder and to Frau von Stein. Further matter was published down to 1829, which is now collected in a second volume called *Italien*.

Attitude of Goethe different altogether from ordinary traveller — took opportunity of studying classic not renaissance art. Wishes to liberate himself from influence of Sturm und Drang.

Italienische Reise

I. KARLSBAD TO VENICE.

Regensburg, den 4. September 1786.

Den 3. September früh drei Uhr stahl ich mich aus Karlsbad, weil man mich sonst nicht fortgelassen hätte. Die Gesellschaft, die den achtundzwanzigsten August, meinen Geburtstag, auf eine sehr freundliche Weise feiern mochte, erwarb sich wohl dadurch ein Recht, mich festzuhalten; allein hier war nicht länger zu säumen. Ich warf mich ganz allein, nur einen Mantelsack und Dachsranzen aufpackend, in eine Postchaise und gelangte halb acht Uhr nach Zwoda an einem schönen, stillen Nebelmorgen. Die obern Wolken streifig und wollig, die untern schwer. Mir schienen das gute Anzeichen. Ich hoffte nach einem so schlimmen Sommer einen guten Herbst zu genießen. Um zwölf in Eger bei heißem Sonnenschein; und nun erinnerte ich mich, daß dieser Ort dieselbe Polhöhe habe wie meine Vaterstadt, und ich freute mich, wieder einmal bei klarem Himmel unter dem fünfzigsten Grade zu Mittag zu essen.

Mittenwald, den 7. September.

Nach Walchensee gelangte ich um halb fünf. Etwa eine Stunde von dem Orte begegnete mir ein artiges Abenteuer. Ein Harfner mit seiner Tochter, einem Mädchen von elf Jahren, gingen vor mir her und baten mich, das Kind einzunehmen. Er trug das Instrument weiter; ich ließ sie zu mir sitzen, und sie stellte eine große neue Schachtel sorgfältig zu ihren Füßen. Ein artiges ausgebildetes Geschöpf, in der Welt schon ziemlich bewandert. Nach Maria Einsiedeln war sie mit ihrer Mutter zu Fuß gewallfahrtet, und beide wollten eben die größere Reise nach San Jago von Compostell antreten, als die Mutter mit Tode abging und ihr Gelübde nicht erfüllen sollte. Man könne in der Verehrung der Mutter Gottes nie zu viel tun, meinte sie. Nach einem großen Brande habe sie selbst gesehen ein ganzes Haus niedergebrannt bis auf die untersten Mauern, und über der Türe hinter einem Glase das Muttergottesbild, Glas und Bild unversehrt, welches denn doch ein augenscheinliches Wunder sei. All ihre Reisen habe sie zu Fuß gemacht, zuletzt in München vor dem Kurfürsten gespielt und sich überhaupt vor einundzwanzig fürstlichen Personen hören lassen. Sie unterhielt mich recht gut. Hübsche große braune Augen, eine eigensinnige Stirn, die sich manchmal ein wenig hinaufwärts faltete. Wenn sie sprach, war sie angenehm und natürlich, besonders wenn sie kindisch-laut lachte; hingegen wenn sie schwieg, schien sie etwas bedeuten zu wollen und machte mit der Oberlippe eine fatale Miene. Ich sprach sehr viel mit ihr durch; sie war überall zu Hause und merkte gut auf die Gegenstände. So fragte sie mich einmal, was das für ein Baum sei. Es war ein schöner großer Ahorn, der erste, der mir auf der ganzen Reise zu Gesichte kam. Den hatte sie doch gleich bemerkt und freute sich, da mehrere nach und nach erschienen, daß sie auch diesen Baum unterscheiden könne. Sie gehe, sagte sie, nach Botzen auf die Messe, wo ich doch wahrscheinlich auch hinzöge. Wenn sie mich dort anträfe, müsse ich ihr einen Jahrmarkt kaufen, welches ich ihr denn auch versprach. Dort wolle sie auch ihre neue Haube aufsetzen, die sie sich in München von ihrem Verdienst habe machen lassen. Sie wolle mir sie im voraus zeigen. Nun eröffnete sie die Schachtel, und ich mußte mich des reichgestickten und wohlbebänderten Kopfschmuckes mit ihr erfreuen.

Über eine andere frohe Aussicht vergnügten wir uns gleichfalls zusammen. Sie versicherte nämlich, daß es gut Wetter gäbe. Sie trügen ihren Barometer mit sich, und das sei die Harfe. Wenn sich der Diskant hinaufstimme, so gebe es gutes Wetter, und das habe er heute getan. Ich ergriff das Omen, und wir schieden im besten Humor in der Hoffnung eines baldigen Wiedersehens.

Trient, den 11. September.

Nachdem ich völlig fünfzig Stunden in steter Beschäftigung gewesen, kam ich gestern abend am acht Uhr hier an, begab mich bald zur Ruhe und finde mich nun wieder imstande, in meiner Erzählung fortzufahren. Am neunten abends, als ich das erste Stück meines Tagebuchs geschlossen hatte, wollte ich noch die Herberge, das Posthaus auf dem Brenner, in seiner Lage zeichnen; aber es gelang nicht, ich verfehlte den Charakter und ging halb verdrießlich nach Hause. Der Wirt fragte mich, ob ich nicht fort wollte, es sei Mondschein und der beste Weg, und obwohl ich wußte, daß er die Pferde morgen früh zum Einfahren des Grummets brauchte und bis dahin gern wieder zu Hause hätte (sein Rat also eigennützig war), so nahm ich ihn doch, weil er mit meinem innern Triebe übereinstimmte, als gut an. Die Sonne ließ sich wieder blicken, die Luft war leidlich; ich packte ein, und um sieben Uhr fuhr ich weg. Die Atmosphäre ward über die Wolken Herr und der Abend gar schön.

Der Postillon schlief ein, und die Pferde liefen den schnellsten Trab bergunter, immer auf dem bekannten Wege fort; kamen sie an ein eben Fleck, so ging es desto langsamer. Der Führer wachte auf und trieb wieder an, und so kam ich sehr geschwind zwischen hohen Felsen an dem reißenden Eisackfluß hinunter. Der Mond ging auf und beleuchtete ungeheure Gegenstände.

Als ich um neun Uhr nach Sterzing gelangte, gab man

mir zu verstehen, daß man mich gleich wieder weg wünsche. In Mittenwald Punkt zwölf Uhr fand ich alles in tiefem Schlafe außer dem Postillon, und so ging es weiter auf Brixen, wo man mich wieder gleichsam entführte, so daß ich mit dem Tage in Collman ankam. Die Postillons fuhren, daß einem Sehen und Hören verging; und so leid es mir tat, diese herrlichen Gegenden mit der entsetzlichsten Schnelle und bei Nacht wie im Fluge zu durchreisen, so freute es mich doch innerlich, daß ein günstiger Wind hinter mir her blies und mich meinen Wünschen zujagte. Mit Tagesanbruch erblickte ich die ersten Rebhügel. Eine Frau mit Birnen und Pfirsichen begegnete mir; und so ging es auf Deutschen los, wo ich um sieben Uhr ankam und gleich weiter befördert wurde. Nun erblickte ich endlich bei hohem Sonnenschein, nachdem ich wieder eine Weile nordwärts gefahren war, das Tal, worin Botzen liegt. Von steilen, bis auf eine ziemliche Höhe angebauten Bergen umgeben, ist es gegen Mittag offen, gegen Norden von den Tiroler Bergen gedeckt. Eine milde, sanfte Luft füllte die Gegend. Hier wendet sich der Eisack wieder gegen Mittag. Die Hügel am Fuße der Berge sind mit Wein bebaut. Über lange, niedrige Lauben sind die Stöcke gezogen; die blauen Trauben hangen gar zierlich von der Decke herunter und reifen an der Wärme des nahen Bodens. Auch in der Fläche des Tals, wo sonst nur Wiesen sind, wird der Wein in solchen eng an einander stehenden Reihen von Lauben gebaut, dazwischen das türkische Korn, das nun immer höhere Stengel treibt. Ich habe es oft zehn Fuß hoch gesehen. Die zaselige männliche Blüte ist noch nicht abgeschnitten, wie es geschieht, wenn die Befruchtung eine Zeit lang vorbei ist.

Die Botzener Messe bewirkt einen starken Seidenvertrieb; auch Tücher werden dahin gebracht, und was an Leder aus den gebirgigen Gegenden zusammengeschafft wird. Ich hatte große Lust, alle die Produkte zu besehen, die hier auf einmal zusammengefunden werden; doch der Trieb, die Unruhe, die hinter mir ist, läßt mich nicht rasten, und ich eile sogleich wieder fort. Mir ist jetzt nur um die sinnlichen Eindrücke zu tun, die kein Buch, kein Bild gibt. Die Hauptsache ist, daß ich wieder Interesse an der Welt nehme, meinen Beobachtungsgeist versuche, und prüfe, wie weit es mit meinen Wissenschaften und Kenntnissen geht, ob mein Auge licht, rein und hell ist, wie viel ich in der Geschwindigkeit fassen kann, und ob die Falten, die sich in mein Gemüt geschlagen und gedrückt haben, wieder auszutilgen sind. Schon jetzt, daß ich mich selbst bediene, immer aufmerksam, immer gegenwärtig sein muß, gibt mir diese wenigen Tage her eine ganz andere Elastizität des Geistes; ich muß mich um den Geldkurs bekümmern, wechseln, bezahlen, notieren, schreiben, anstatt daß ich wie sonst nur dachte, wollte, sann, befahl und diktierte.

Torbole, den 12. September.

Wie sehr wünschte ich meine Freunde einen Augenblick neben mich, daß sie sich der Aussicht freuen könnten, die vor mir liegt!

Heute abend hätte ich in Verona sein können; aber es lag mir noch eine herrliche Naturwirkung an der Seite, ein köstliches Schauspiel, der Gardasee; den wollte ich nicht versäumen und bin herrlich für meinen Umweg belohnt. Nach fünf fuhr ich von Roveredo fort, ein Seitental hinauf, das seine Wasser noch in die Etsch gießt. Wenn man hinaufkommt, liegt ein ungeheurer Felsriegel vor, über den man nach dem See hinunter muß. Wenn man hinab kommt liegt ein Örtchen am nördlichen Ende des Sees und ist ein kleiner Hafen oder vielmehr Anfahrt daselbst: es heißt Torbole. Die Feigenbäume hatten mich schon den Weg herauf häufig begleitet, und indem ich in das Felsamphitheater hinabstieg, fand ich die ersten Ölbäume voller Oliven.

Aus dem Zimmer, in dem ich sitze, geht eine Türe nach dem Hof hinunter; ich habe meinen Tisch davor gerückt und die Aussicht mit einigen Linien gezeichnet. Man übersieht den See beinah in seiner ganzen Länge; nur am Ende links entwendet er sich unsern Augen. Das Ufer, auf beiden Seiten von Hügeln und Bergen eingefaßt, glänzt von unzähligen kleinen Ortschaften.

In der Abendkühle ging ich spazieren und befinde mich nun wirklich in einem neuen Lande, in einer ganz fremden

Umgebung. Die Menschen leben ein nachlässiges Schlaraffenleben: erstlich haben die Türen keine Schlösser; der Wirt aber versicherte mir, ich könne ganz ruhig sein, und wenn alles, was ich bei mir hätte, aus Diamanten bestünde; zweitens sind die Fenster mit Ölpapier statt Glasscheiben geschlossen. Durchaus zeigt sich die größte Sorglosigkeit, doch Leben und Geschäftigkeit genug. Den ganzen Tag verführen die Nachbarinnen ein Geschwätz, ein Geschrei und haben alle zugleich etwas zu tun. Ich habe noch kein müßiges Weib gesehen.

Der Wirt verkündigte mir mit italienischer Emphase, daß er sich glücklich finde, mir mit der köstlichen Forelle dienen zu können. Sie werden bei Torbole gefangen, wo der Bach vom Gebirge herunter kommt und der Fisch den Weg hinauf sucht. Der Kaiser erhält von diesem Fange zehntausend Gulden Pacht. Es sind keine eigentlichen Forellen, groß, manchmal fünfzig Pfund schwer, über den ganzen Körper bis auf den Kopf hinauf punktiert; der Geschmack zwischen Forelle und Lachs, zart und trefflich.

Mein eigentlich Wohlleben aber ist in Früchten, in Feigen, auch Birnen, welche da wohl köstlich sein müssen, wo schon Zitronen wachsen.

Malcesine, den 13. September.

Heute früh um drei Uhr fuhr ich von Torbole weg, mit zwei Ruderern. Anfangs war der Wind günstig, daß sie die Segel brauchen konnten. Der Morgen war herrlich, zwar wolkig, doch bei der Dämmerung still. Wir fuhren bei Limone vorbei, dessen Berggärten, terrassenweise angelegt und mit Zitronenbäumen bepflanzt, ein reiches und reinliches Ansehen geben. Das Betrachten dieser angenehmen Gegenstände ward durch eine langsame Fahrt begünstigt; und so waren wir schon an Malcesine vorbei, als der Wind sich völlig umkehrte, seinen gewöhnlichen Tagweg nahm und nach Norden zog. Das Rudern half wenig gegen die übermächtige Gewalt, und so mußten wir im Hafen von Malcesine landen. Es ist der erste venezianische Ort an der Morgenseite des Sees. Wenn man mit dem Wasser zu tun hat, kann man nicht sagen: „Ich werde heute da oder dort sein." Diesen Aufenthalt will ich so gut als möglich nutzen, besonders das Schloß zu zeichnen, das am Wasser liegt und ein schöner Gegenstand ist. Heute im Vorbeifahren nahm ich eine Skizze davon.

Verona, den 14. September.

Der Gegenwind, der mich gestern in den Hafen von Malcesine trieb, bereitete mir ein gefährliches Abenteuer, welches ich mit gutem Humor überstand und in der Erinnerung lustig finde. Wie ich mir vorgenommen hatte, ging ich morgens beizeiten in das alte Schloß, welches ohne Tore, ohne Verwahrung und Bewachung jedermann zugänglich ist. Im Schloßhofe setzte ich mich dem alten, auf und in den Felsen gebauten Turm gegenüber; hier hatte ich zum Zeichnen ein sehr bequemes Plätzchen gefunden: neben einer drei, vier Stufen erhöhten verschlossenen Türe im Türgewände ein verziertes steinernes Sitzchen, wie wir sie wohl bei uns in alten Gebäuden auch noch antreffen.

Ich saß nicht lange, so kamen verschiedene Menschen in den Hof herein, betrachteten mich und gingen hin und wieder. Die Menge vermehrte sich, blieb endlich stehen, so daß sie mich zuletzt umgab. Ich bemerkte wohl, daß mein Zeichnen Aufsehen erregt hatte; ich ließ mich aber nicht stören und fuhr ganz gelassen fort. Endlich drängte sich ein Mann zu mir, nicht von dem besten Ansehen, und fragte, was ich da mache. Ich erwiderte ihm, daß ich den alten Turm abzeichne, um mir ein Andenken von Malcesine zu erhalten. Er sagte darauf, es sei dies nicht erlaubt, und ich sollte es unterlassen. Da er dieses in gemeiner venezianischer Sprache sagte, so daß ich ihn wirklich kaum verstand, so erwiderte ich ihm, daß ich ihn nicht verstehe. Er ergriff darauf mit wahrer italienischer Gelassenheit mein Blatt, zerriß es, ließ es aber auf der Pappe liegen. Hierauf konnt' ich einen Ton der Unzufriedenheit unter den Umstehenden bemerken; besonders sagte eine ältliche Frau, es sei nicht recht, man solle den Podestà rufen, welcher dergleichen Dinge zu beurteilen wisse. Ich stand auf meinen Stufen, den Rücken gegen die Türe gelehnt, und überschaute das immer sich vermehrende Publikum. Die neugierigen starren Blicke, der gutmütige Ausdruck in den meisten Gesichtern, und was sonst noch alles eine fremde Volksmasse charakterisieren mag, gab mir den lustigsten Eindruck. Dies versetzte mich in die heiterste Stimmung, so daß, als der Podestà mit seinem Aktuarius herankam, ich ihn freimütig begrüßte und auf seine Frage, warum ich ihre Festung abzeichnete, ihm bescheiden erwiderte, daß ich dieses Gemäuer nicht für eine Festung anerkenne. Ich machte ihn und das Volk aufmerksam auf den Verfall dieser Türme und dieser Mauern, auf den Mangel von Toren, kurz auf die Wehrlosigkeit des ganzen Zustandes, und versicherte, ich habe hier nichts als eine Ruine zu sehen und zu zeichnen gedacht.

Man entgegnete mir: wenn es eine Ruine sei, was denn dran wohl merkwürdig scheinen könne. Ich erwiderte darauf, weil ich Zeit und Gunst zu gewinnen suchte, sehr umständlich, daß sie wüßten, wie viele Reisende nur um der Ruinen willen nach Italien zögen; daß Rom, die Hauptstadt der Welt, von den Barbaren verwüstet, voller Ruinen stehe, welche hundert- und aber hundertmal gezeichnet worden; daß nicht alles aus dem Altertum so erhalten sei, wie das Amphitheater zu Verona, welches ich denn auch bald zu sehen hoffte.

Der Podestà, welcher vor mir, aber tiefer stand, war ein langer, nicht gerade hagerer Mann von etwa dreißig Jahren. Die stumpfen Züge seines geistlosen Gesichts stimmten ganz zu der langsamen und trüben Weise, womit er seine Fragen hervorbrachte. Der Aktuarius, kleiner und gewandter, schien sich in einen so neuen und seltnen Fall auch nicht gleich finden zu können. Ich sprach noch manches dergleichen; man schien mich gern zu hören, und indem ich mich an einige wohlwollende Frauengesichter wendete, glaubte ich Beistimmung und Billigung wahrzunehmen.

Als ich jedoch des Amphitheaters zu Verona erwähnte, das man im Lande unter dem Namen Arena kennt, sagte der Aktuarius, der sich unterdessen besonnen hatte: das möge wohl gelten, denn jenes sei ein weltberühmtes, römisches Gebäude; an diesen Türmen aber sei nichts Merkwürdiges, als daß es die Grenze zwischen dem Gebiete Venedigs und dem österreichischen Kaiserstaate bezeichne und deshalb nicht ausspioniert werden solle. Ich erklärte mich dagegen weitläufig, daß nicht allein griechische und römische Altertümer, sondern auch die der mittlern Zeit Aufmerksamkeit verdienten. Ihnen sei freilich nicht zu verargen, daß sie an diesem von Jugend auf gekannten Gebäude nicht so viele malerische Schönheiten als ich entdecken könnten. Glücklicherweise setzte die Morgensonne Turm, Felsen und Mauern in das schönste Licht, und ich fing an, ihnen dieses Bild mit Enthusiasmus zu beschreiben. Weil aber mein Publikum jene belobten Gegenstände im Rücken hatte und sich nicht ganz von mir abwenden wollte, so drehten sie auf einmal, jenen Vögeln gleich, die man Wendehälse nennt, die Köpfe herum, dasjenige mit Augen zu schauen, was ich ihren Ohren anpries, ja der Podestà selbst kehrte sich, obgleich mit etwas mehr Anstand, nach dem beschriebenen Bilde hin. Diese Szene kam mir so lächerlich vor, daß mein guter Mut sich vermehrte und ich ihnen nichts schenkte, am wenigsten den Epheu, der Fels und Gemäuer auf das reichste zu verzieren schon Jahrhunderte Zeit gehabt hatte.

Der Aktuarius versetzte drauf: das lasse sich alles hören, aber Kaiser Joseph sei ein unruhiger Herr, der gewiß gegen die Republik Venedig noch manches Böse im Schilde führe, und ich möchte wohl sein Untertan, ein Abgeordneter sein, um die Grenzen auszuspähen.

„Weit entfernt," rief ich aus, „dem Kaiser anzugehören, darf ich mich wohl rühmen, so gut als ihr, Bürger einer Republik zu sein, welche zwar an Macht und Größe dem erlauchten Staat von Venedig nicht verglichen werden kann, aber doch auch sich selbst regiert und an Handelstätigkeit, Reichtum und Weisheit ihrer Vorgesetzten keiner Stadt in Deutschland nachsteht. Ich bin nämlich von Frankfurt am Main gebürtig, einer Stadt, deren Name und Ruf gewiß bis zu euch gekommen ist."

„Von Frankfurt am Main!" rief eine hübsche junge Frau; „da könnt Ihr gleich sehen, Herr Podestà, was an dem Fremden ist, den ich für einen guten Mann halte; laßt den Gregorio rufen, der lange daselbst konditioniert hat, der wird am besten in der Sache entscheiden können."

Schon hatten sich die wohlwollenden Gesichter um mich her vermehrt; der erste Widerwärtige war verschwunden, und als nun Gregorio herbeikam, wendete sich die Sache ganz zu meinem Vorteil. Dieser war ein Mann etwa in den Fünfzigen, ein braunes italienisches Gesicht, wie man sie kennt. Er sprach und betrug sich als einer, dem etwas Fremdes nicht fremd ist, erzählte mir sogleich, daß er bei Bolongaro in Diensten gestanden und sich freue, durch mich etwas von dieser Familie und von der Stadt zu hören, an die er sich mit Vergnügen erinnere. Glücklicherweise war sein Aufenthalt in meine jüngeren Jahre gefallen, und ich hatte den doppelten Vorteil, ihm genau sagen zu können, wie es zu seiner Zeit gewesen, und was sich nachher verändert habe. Ich erzählte ihm von den sämtlichen italienischen Familien, deren mir keine fremd geblieben; er war sehr vergnügt, manches Einzelne zu hören, zum Beispiel, daß der Herr Allesina im Jahre 1774 seine goldene Hochzeit gefeiert, daß darauf eine Medaille geschlagen worden, die ich selbst besitze; er erinnerte sich recht wohl, daß die Gattin dieses reichen Handelsherrn eine geborene Brentano sei. Auch von den Kindern und Enkeln dieser Häuser wußte ich ihm zu erzählen, wie sie herangewachsen, versorgt, verheiratet worden und sich in Enkeln vermehrt hätten.

Als ich ihm nun die genauste Auskunft fast über alles gegeben, um was er mich befragt, wechselten Heiterkeit und Ernst in den Zügen des Mannes. Er war froh und gerührt; das Volk erheiterte sich immer mehr und konnte unserm Zwiegespräch zuzuhören nicht satt werden, wovon er freilich einen Teil erst in ihren Dialekt übersetzen mußte.

Zuletzt sagte er: „Herr Podestà, ich bin überzeugt, daß

dieser ein braver, kunstreicher Mann ist, welcher herumreist, sich zu unterrichten. Wir wollen ihn freundlich entlassen, damit er bei seinen Landsleuten Gutes von uns rede und sie aufmuntere, Malcesine zu besuchen, dessen schöne Lage wohl wert ist, von Fremden bewundert zu sein." Ich verstärkte diese freundlichen Worte durch das Lob der Gegend, der Lage und der Einwohner, die Gerichtspersonen als weise und vorsichtige Männer nicht vergessend.

Dieses alles ward für gut erkannt, und ich erhielt die Erlaubnis, mit Meister Gregorio nach Belieben den Ort und die Gegend zu besehen. Der Wirt, bei dem ich eingekehrt war, gesellte sich nun zu uns und freute sich schon auf die Fremden, welche auch ihm zuströmen würden, wenn die Vorzüge Malcesines erst recht ans Licht kämen. Mit lebhafter Neugierde betrachtete er meine Kleidungsstücke, besonders aber beneidete er mich um die kleinen Terzerole, die man so bequem in die Tasche stecken konnte. Er pries diejenigen glücklich, die so schöne Gewehre tragen dürften, welches bei ihnen unter den peinlichsten Strafen verboten sei. Diesen freundlich Zudringlichen unterbrach ich einigemal, meinem Befreier mich dankbar zu erweisen. „Dankt mir nicht!" versetzte der brave Mann; „mir seid Ihr nichts schuldig. Verstünde der Podestà sein Handwerk, und wäre der Aktuarius nicht der eigennützigste aller Menschen, Ihr wäret nicht so losgekommen. Jener war verlegener als Ihr, und diesem hätte Eure Verhaftung, die Berichte, die Abführung nach Verona auch nicht einen Heller eingetragen.

Das hat er geschwind überlegt, und Ihr wart schon befreit, ehe unsere Unterredung zu Ende war."

Gegen Abend holte mich der gute Mann in seinen Weinberg ab, der den See hinabwärts sehr wohl gelegen war. Uns begleitete sein fünfzehnjähriger Sohn, der auf die Bäume steigen und mir das beste Obst brechen mußte, indessen der Alte die reifsten Weintrauben aussuchte.

Verona, den 16. September.

Das Amphitheater ist also das erste bedeutende Monument der alten Zeit, das ich sehe, und so gut erhalten! Als ich hineintrat, mehr noch aber, als ich oben auf dem Rande umher ging, schien es mir seltsam, etwas Großes und doch eigentlich nichts zu sehen. Auch will es leer nicht gesehen sein, sondern ganz voll von Menschen, wie man es neuerer Zeit Joseph dem Zweiten zu Ehren veranstaltet. Der Kaiser, der doch auch Menschenmassen vor Augen gewohnt war, soll darüber erstaunt sein. Doch nur in der frühesten Zeit tat es seine ganze Wirkung, da das Volk noch mehr Volk war, als es jetzt ist; denn eigentlich ist so ein Amphitheater recht gemacht, dem Volk mit sich selbst zu imponieren.

Wenn irgend etwas Schauwürdiges auf flacher Erde vorgeht und alles zuläuft, suchen die hintersten auf alle mögliche Weise sich über die vordersten zu erheben; man tritt auf Bänke, rollt Fässer herbei, fährt mit Wagen heran, legt Bretter hinüber und herüber, besetzt einen benachbarten Hügel, und es bildet sich in der Geschwindigkeit ein Krater.

Kommt das Schauspiel öfter auf derselben Stelle vor, so baut man leichte Gerüste für die, welche bezahlen können, und die übrige Masse behilft sich, wie sie mag. Dieses allgemeine Bedürfnis zu befriedigen, ist hier die Aufgabe des Architekten. Er bereitet einen solchen Krater durch Kunst, so einfach als nur möglich, damit dessen Zierat das Volk selbst werde. Wenn es sich so beisammen sah, mußte es über sich selbst erstaunen; denn da es sonst nur gewohnt, sich durch einander laufen zu sehen, sich in einem Gewühle ohne Ordnung und sonderliche Zucht zu finden, so sieht das vielköpfige, vielsinnige, schwankende, hin und her irrende Tier sich zu einem edlen Körper vereinigt, in eine Masse verbunden und befestigt, als *eine* Gestalt, von *einem* Geiste belebt. Die Simplizität des Ovals ist jedem Auge auf die angenehmste Weise fühlbar, und jeder Kopf dient zum Maße, wie ungeheuer das Ganze sei. Jetzt, wenn man es leer sieht, hat man keinen Maßstab, man weiß nicht, ob es groß oder klein ist.

Die Galerie, die den Vorhof des Theatergebäudes einfaßt, ist kleinlich, doch wollen wir das verzeihen in Betracht der schönen Anstalt, welche unter diesen Säulenlauben angelegt ist. Hier hat man die Antiquitäten, meist in und um Verona gegraben, gesammelt aufgestellt. Einiges soll sogar sich im Amphitheater gefunden haben. Es sind etrurische, griechische, römische und auch neuere.

Der Wind, der von den Gräbern der Alten herweht, kommt mit Wohlgerüchen über einen Rosenhügel. Die Grabmäler sind herzlich und rührend und stellen immer das Leben dar. Da ist ein Mann, der neben seiner Frau aus einer Nische wie zu einem Fenster heraussieht. Da stehen Vater und Mutter, den Sohn in der Mitte, einander mit unaussprechlicher Natürlichkeit anblickend. Hier reicht sich ein Paar die Hände. Hier scheint ein Vater, auf seinem Sofa ruhend, von der Familie unterhalten zu werden. Mir war die unmittelbare Gegenwart dieser Steine höchst rührend. Von späterer Kunst sind sie, aber einfach, natürlich und allgemein ansprechend. Hier ist kein geharnischter Mann auf den Knieen, der eine fröhliche Auferstehung erwartet. Der Künstler hat mit mehr oder weniger Geschick nur die einfache Gegenwart der Menschen hingestellt, ihre Existenz dadurch fortgesetzt und bleibend gemacht. Sie falten nicht die Hände, schauen nicht in den Himmel, sondern sie sind hienieden, was sie waren und was sie sind. Sie stehen beisammen, nehmen Anteil aneinander, lieben sich; und das ist in den Steinen, sogar mit einer gewissen Handwerksunfähigkeit, allerliebst ausgedrückt.

Als ich heute wieder von der Arena wegging, kam ich einige tausend Schritte davon zu einem modernen öffentlichen Schauspiel. Vier edle Veroneser schlugen Ball gegen vier Vicentiner. Sie treiben dies sonst unter sich das ganze Jahr etwa zwei Stunden vor Nacht; diesmal wegen der fremden Gegner lief das Volk unglaublich zu. Es können immer vier- bis fünftausend Zuschauer gewesen sein. Frauen sah ich von keinem Stande.

Vorhin, als ich vom Bedürfnis der Menge in einem solchen Falle sprach, hab' ich das natürliche zufällige Amphitheater schon beschrieben, wie ich das Volk hier über einander gebaut sah. Ein lebhaftes Händeklatschen hört' ich schon von weitem; jeder bedeutende Schlag war davon begleitet. Das Spiel aber geht so vor sich. In gehöriger Entfernung von einander sind zwei gelind abhängige Bretterflächen errichtet. Derjenige, der den Ball ausschlägt, steht, die Rechte mit einem hölzernen breiten Stachelringe bewaffnet, auf der obersten Höhe. Indem nun ein anderer von seiner Partei ihm den Ball zuwirft, so läuft er herunter dem Ball entgegen und vermehrt dadurch die Gewalt des Schlages, womit er denselben zu treffen weiß. Die Gegner suchen ihn zurückzuschlagen, und so geht es hin und wieder, bis er zuletzt im Felde liegen bleibt. Die schönsten Stellungen, wert, in Marmor nachgebildet zu werden, kommen dabei zum Vorschein. Da es lauter wohlgewachsene, rüstige junge Leute sind, in kurzer, knapper, weißer Kleidung, so unterscheiden sich die Parteien nur durch ein farbiges Abzeichen. Besonders schön ist die Stellung, in welche der Ausschlagende gerät, indem er von der schiefen Fläche herunterläuft und den Ball zu treffen ausholt; sie nähert sich der des Borghesischen Fechters.

Sonderbar kam es mir vor, daß sie diese Übung an einer

alten Stadtmauer ohne die mindeste Bequemlichkeit für die Zuschauer vornehmen; warum sie es nicht im Amphitheater tun, wo so schöner Raum wäre.

Verona, den 17. September.

Das Volk rührt sich hier sehr lebhaft durch einander; besonders in einigen Straßen, wo Kaufläden und Handwerksbuden an einander stoßen, sieht es recht lustig aus. Da ist nicht etwa eine Tür vor dem Laden oder Arbeitszimmer; nein, die ganze Breite des Hauses ist offen, man sieht bis in die Tiefe und alles, was darin vorgeht. Die Schneider nähen, die Schuster ziehen und pochen, alle halb auf der Gasse; ja, die Werkstätten machen einen Teil der Straße. Abends, wenn Lichter brennen, sieht es recht lebendig.

Auf den Plätzen ist es an Markttagen sehr voll; Gemüse und Früchte unübersehlich, Knoblauch und Zwiebeln nach Herzenslust. Übrigens schreien, schäkern und singen sie den ganzen Tag, werfen und balgen sich, jauchzen und lachen unaufhörlich. Die milde Luft, die wohlfeile Nahrung läßt sie leicht leben. Alles, was nur kann, ist unter freiem Himmel.

Obgleich das Volk seinen Geschäften und Bedürfnissen sehr sorglos nachgeht, so hat es doch auf alles Fremde ein scharfes Auge. So konnt' ich die ersten Tage bemerken, daß jedermann meine Stiefel betrachtete, da man sich derselben, als einer teuern Tracht, nicht einmal im Winter bedient. Jetzt, da ich Schuhe und Strümpfe trage, sieht mich niemand mehr an. Aber merkwürdig war mir's, daß heute früh, da sie alle mit Blumen, Gemüse, Knoblauch und so vielen andern Markterzeugnissen durch einander liefen, ihnen der Cypressenzweig nicht entging, den ich in der Hand trug. Einige grüne Zapfen hingen daran, und daneben hielt ich blühende Kapernzweige. Sie sahen alle, groß und klein, mir auf die Finger und schienen wunderliche Gedanken zu haben.

Diese Zweige bracht' ich aus dem Garten Giusti, der eine treffliche Lage und ungeheure Cypressen hat, die alle pfriemenartig in die Luft stehen. Wahrscheinlich sind die spitz zugeschnittenen Taxus der nordischen Gartenkunst Nachahmungen dieses herrlichen Naturprodukts. Ein Baum, dessen Zweige von unten bis oben, die ältesten wie die jüngsten, gen Himmel streben, der seine dreihundert Jahre dauert, ist wohl der Verehrung wert.

II. VENICE.

Venedig, den 28. September.

So stand es denn im Buche des Schicksals auf meinem Blatte geschrieben, daß ich 1786 den achtundzwanzigsten September abends Venedig zum erstenmal, aus der Brenta in die Lagunen einfahrend, erblicken und bald darauf diese wunderbare Inselstadt, diese Biberrepublik betreten und besuchen sollte. So ist denn auch, Gott sei Dank, Venedig mir kein bloßes Wort mehr, kein hohler Name, der mich so oft, mich, den Todfeind von Wortschällen, geängstigt hat.

Als die erste Gondel an das Schiff anfuhr — es geschieht, um Passagiere, welche Eile haben, geschwinder nach Venedig zu bringen — erinnerte ich mich eines frühen Kinderspielzeuges, an das ich vielleicht seit zwanzig Jahren nicht mehr gedacht hatte. Mein Vater besaß ein schönes mitgebrachtes Gondelmodell; er hielt es sehr wert, und mir ward es hoch angerechnet, wenn ich einmal damit spielen durfte. Die ersten Schnäbel von blankem Eisenblech, die schwarzen Gondelkäfige, alles grüßte mich wie eine alte Bekanntschaft; ich genoß einen lang entbehrten freundlichen Jugendeindruck.

Ich bin gut logiert in der „Königin von England" nicht weit vom Markusplatze, und dies ist der größte Vorzug des Quartiers; meine Fenster gehen auf einen schmalen

dadurch vernahm ich manches von ihren Ansichten, besonders aber von ihrer Reise. Sie beklagten sich bitterlich über ihre Glaubensgenossen, ja Weltpriester und Klostergeistliche. Die Frömmigkeit, sagten sie, müsse eine sehr seltene Sache sein, weil man an die ihrige nirgends glauben wolle, sondern sie fast durchaus, obgleich sie die bischöflichen Pässe vorgezeigt, in katholischen Landen wie Landstreicher behandle. Sie erzählten dagegen mit Rührung, wie gut sie von den Protestanten aufgenommen worden, besonders von einem Landgeistlichen in Schwaben, vorzüglich aber von seiner Frau, welche den einigermaßen widerstrebenden Mann dahin vermocht, daß sie ihnen reichliche Erquickung habe zuteilen dürfen, welche ihnen sehr not getan. Ja, beim Abschiede habe sie ihnen einen Taler geschenkt, der ihnen sehr zu statten gekommen, sobald sie das katholische Gebiet wieder betreten. Hierauf sagte der eine mit aller Erhebung, deren er fähig war: „Wir schließen diese Frau aber auch täglich in unser Gebet ein und bitten Gott, daß er ihre Augen öffne, wie er ihr Herz für uns geöffnet hat, daß er sie, wenn auch spät, in den Schoß der alleinseligmachenden Kirche aufnehme. Und so hoffen wir gewiß, ihr dereinst im Paradies zu begegnen."

Von diesem allen erklärte ich, was nötig und nützlich war, auf der kleinen Steige sitzend, die auf das Verdeck führt, dem Steuermanne und einigen andern Personen, die sich aus der Kajüte in den engen Raum gedrängt hatten. Den Pilgern wurden einige ärmliche Erquickungen gereicht;

denn der Italiener liebt nicht zu geben. Sie zogen hierauf kleine geweihte Zettel hervor, worauf das Bild der heiligen drei Könige nebst lateinischen Gebeten zu sehen war. Die guten Menschen baten mich, die kleine Gesellschaft damit zu beschenken und ihr den hohen Wert dieser Blätter begreiflich zu machen. Dieses gelang mir auch ganz gut; denn als die beiden Männer sehr verlegen schienen, wie sie in dem großen Venedig das zur Aufnahme der Pilger bestimmte Kloster ausfinden sollten, so versprach der gerührte Steuermann, wenn sie landeten, wollte er einem Burschen sogleich einen Dreier geben, damit er sie zu jenem entfernt gelegenen Orte geleitete.

So unterhalten waren wir die schöne Brenta heruntergekommen, manchen herrlichen Garten, manchen herrlichen Palast hinter uns lassend, wohlhabende, belebte Ortschaften an der Küste mit flüchtigem Blick beschauend. Als wir nun in die Lagunen einfuhren, umschwärmten mehrere Gondeln sogleich das Schiff. Ein Lombard, mit Venedig wohl bekannt, forderte mich auf, ihm Gesellschaft zu leisten, damit wir geschwinder drinne wären und der Doganenqual entgingen. Einige, die uns abhalten wollten, wußte er mit einem mäßigen Trinkgeld zu beseitigen, und so schwammen wir bei einem heitern Sonnenuntergang schnell unserm Ziel entgegen.

Venedig, den 29. September.

Von Venedig ist schon so viel erzählt und gedruckt, daß ich mit Beschreibung nicht umständlich sein will; ich sage nur, wie es mir entgegenkommt.

Dieses Geschlecht hat sich nicht zum Spaß auf diese Inseln geflüchtet; es war keine Willkür, welche die Folgenden trieb, sich mit ihnen zu vereinigen; die Not lehrte sie ihre Sicherheit in der unvorteilhaftesten Lage suchen, die ihnen nachher so vorteilhaft ward und sie klug machte, als noch die ganze nördliche Welt im Düstern gefangen lag; ihre Vermehrung, ihr Reichtum war notwendige Folge. Nun drängten sich die Wohnungen empor und empor; Sand und Sumpf wurden durch Felsen ersetzt; die Häuser suchten die Luft, wie Bäume, die geschlossen stehen; sie mußten an Höhe zu gewinnen suchen, was ihnen an Breite abging. Auf jede Spanne des Bodens geizig und gleich anfangs in enge Räume gedrängt, ließen sie zu Gassen nicht mehr Breite, als nötig war, eine Hausreihe von der gegenüberstehenden zu trennen und dem Bürger notdürftige Durchgänge zu erhalten. Übrigens war ihnen das Wasser statt Straße, Platz und Spaziergang. Der Venezianer mußte eine neue Art von Geschöpf werden, wie man denn auch Venedig nur mit sich selbst vergleichen kann. Der große, schlangenförmige Kanal weicht keiner Straße in der Welt; dem Raum vor dem Markusplatze kann wohl nichts an die Seite gesetzt werden: ich meine den großen Wasserspiegel, der diesseits von dem eigentlichen Venedig im halben Mond umfaßt wird.

Nach Tische eilte ich, mir erst einen Eindruck des Ganzen zu versichern, und warf mich ohne Begleiter, nur die Himmelsgegenden merkend, ins Labyrinth der Stadt, welche, obgleich durchaus von Kanälen und Kanälchen durchschnitten, durch Brücken und Brückchen wieder zusammenhängt. Die Enge und Gedrängtheit des Ganzen denkt man sich nicht, ohne es gesehen zu haben. Gewöhnlich kann man die Breite der Gasse mit ausgestreckten Armen entweder ganz oder beinahe messen, in den engsten stößt man schon mit den Ellbogen an, wenn man die Hände in die Seite stemmt; es gibt wohl breitere, auch hie und da ein Plätzchen, verhältnismäßig aber kann alles eng genannt werden.

Nachdem ich müde geworden, setzte ich mich in eine Gondel, die engen Gassen verlassend, und fuhr, mir das entgegengesetzte Schauspiel zu bereiten, den nördlichen Teil des großen Kanals durch, um die Insel der heiligen Clara in die Lagunen, und war nun auf einmal ein Mitherr des Adriatischen Meeres, wie jeder Venezianer sich fühlt, wenn er sich in seine Gondel legt. Ich gedachte dabei meines guten Vaters in Ehren, der nichts Besseres wußte, als von diesen Dingen zu erzählen. Wird mir's nicht auch so gehen? Alles, was mich umgibt, ist würdig, ein großes respektables Werk versammelter Menschenkraft, ein herrliches Monument, nicht eines Gebieters, sondern eines Volks. Und wenn auch ihre Lagunen sich nach und nach ausfüllen, böse Dünste über dem Sumpfe schweben, ihr Handel geschwächt, ihre Macht gesunken ist, so wird die ganze Anlage der Republik und ihr Wesen nicht einen Augenblick dem Beobachter weniger ehrwürdig sein. Sie unterliegt der Zeit, wie alles, was ein erscheinendes Dasein hat.

Venedig, den 3. Oktober.

Heute sah ich eine Komödie, die mich sehr gefreut hat. Im herzoglichen Palast hörte ich eine Rechtssache öffentlich verhandeln; sie war wichtig und zu meinem Glück in den Ferien vorgenommen. Der eine Advokat war alles, was ein übertriebener Buffo nur sein sollte. Figur dick, kurz, doch beweglich, ein ungeheuer vorspringendes Profil, eine Stimme wie Erz und eine Heftigkeit, als wenn es ihm aus tiefstem Grunde des Herzens ernst wäre, was er sagte. Ich nenne dies eine Komödie, weil alles wahrscheinlich schon fertig ist, wenn diese öffentliche Darstellung geschieht: die Richter wissen, was sie sprechen sollen, und jede Partei weiß, was sie zu erwarten hat. Und nun von den Umständen, und wie artig, ohne Prunk, wie natürlich alles zugeht, will ich suchen einen Begriff zu geben.

In einem geräumigen Saal des Palastes saßen an der einen Seite die Richter im Halbzirkel. Ihnen gegenüber auf einem Katheder, der mehrere Personen neben einander fassen konnte, die Advokaten beider Parteien; unmittelbar vor demselben auf einer Bank Kläger und Beklagte in eigener Person. Der Advokat des Klägers war von dem Katheder herabgestiegen: denn die heutige Sitzung war zu keiner Kontroverse bestimmt. Die sämtlichen Dokumente für und wider, obgleich schon gedruckt, sollten vorgelesen werden.

Ein hagerer Schreiber in schwarzem kümmerlichem Rocke, ein dickes Heft in der Hand, bereitete sich, die Pflicht des Lesenden zu erfüllen. Von Zuschauern und Zuhörern war übrigens der Saal gedrängt voll. Die Rechtsfrage selbst, sowie die Personen, welche sie betraf, mußten den Venezianern sehr bedeutend scheinen.

Diesmal war der Streit höchst wichtig, denn die Klage ging gegen den Dogen selbst oder vielmehr gegen seine Gemahlin, welche denn auch in Person auf dem Bänkchen, vom Kläger nur durch einen kleinen Zwischenraum getrennt, in ihren Mantel gehüllt dasaß. Eine Dame von gewissem Alter, edlem Körperbau, wohlgebildetem Gesicht, auf welchem ernste, ja, wenn man will, etwas verdrießliche Züge zu sehen waren. Die Venezianer bildeten sich viel darauf ein, daß die Fürstin in ihrem eigenen Palast vor dem Gericht und ihnen erscheinen müsse.

Der Schreiber fing zu lesen an, und nun ward mir erst deutlich, was ein im Angesicht der Richter, unfern des Katheders der Advokaten, hinter einem kleinen Tische auf einem niedern Schemel sitzendes Männchen, besonders aber die Sanduhr bedeute, die er vor sich niedergelegt hatte. So lange nämlich der Schreiber liest, so lange läuft die Zeit nicht; dem Advokaten aber, wenn er dabei sprechen will, ist nur im ganzen eine gewisse Frist gegönnt. Der Schreider liest, die Uhr liegt, das Männchen hat die Hand daran. Tut der Advokat den Mund auf, so steht auch die Uhr schon in der Höhe, die sich sogleich niedersenkt, sobald er schweigt. Hier ist nun die große Kunst, in den Fluß der Vorlesung hineinzureden, flüchtige Bemerkungen zu machen, Aufmerksamkeit zu erregen und zu fordern. Nun kommt der kleine Saturn in die größte Verlegenheit. Er ist genötigt, den horizontalen und vertikalen Stand der Uhr jeden Augenblick zu verändern; er befindet sich im Fall der bösen Geister im Puppenspiel, die auf das schnell wechselnde „Berlicke! Berlocke!" des mutwilligen Hanswursts nicht wissen, ob sie gehen oder kommen sollen.

Der kunstreiche Advokat weiß nun durch Scherze die Langeweile zu unterbrechen, und das Publikum ergötzt sich an seinen Späßen in ganz unmäßigem Gelächter. Eines Scherzes muß ich gedenken, des auffallendsten unter denen, die ich verstand. Der Vorleser recitierte soeben ein Dokument, wodurch ein unrechtmäßig geachteter Besitzer über die fraglichen Güter disponierte. Der Advokat ließ ihn langsamer lesen, und als er die Worte deutlich aussprach: „Ich schenke, ich vermache," fuhr der Redner heftig auf den Schreiber los und rief: „Was willst du schenken? was vermachen? du armer ausgehungerter Teufel! Gehört dir doch gar nichts in der Welt an. Doch," fuhr er fort, indem er sich zu besinnen schien, „war doch jener erlauchte Besitzer in eben dem Fall; er wollte schenken, wollte vermachen, was ihm so wenig gehörte als dir." Ein unendlich Gelächter schlug auf, doch sogleich nahm die Sanduhr die horizontale Lage wieder an. Der Vorleser summte fort, machte dem Advokaten ein flämisch Gesicht; doch das sind alles verabredete Späße.

Venedig, den 7. Oktober.

Heute früh war ich bei dem Hochamt, welchem der Doge jährlich an diesem Tage wegen eines alten Siegs über die Türken in der Kirche der heiligen Justina beiwohnen muß. Wenn an dem kleinen Platz die vergoldeten Barken landen, die den Fürsten und einen Teil des Adels bringen; seltsam gekleidete Schiffer sich mit rot gemalten Rudern bemühen; am Ufer die Geistlichkeit, die Brüderschaften mit angezündeten, auf Stangen und tragbare silberne Leuchter gesteckten Kerzen stehen, drängen, wogen und warten; dann mit Teppichen beschlagene Brücken aus den Fahrzeugen ans Land gestreckt werden; zuerst die langen violetten Kleider der Savji, dann die langen roten der Senatoren sich auf dem Pflaster entfalten; zuletzt der Alte, mit goldener phrygischer Mütze geschmückt, im längsten goldenen Talar mit dem Hermelinmantel aussteigt, drei Diener sich seiner Schleppe bemächtigen; alles auf einem kleinen Platz vor dem Portal einer Kirche, vor deren Türen die Türkenfahnen gehalten werden; so glaubt man auf einmal eine alte gewirkte Tapete zu sehen, aber recht gut gezeichnet und koloriert. Mir nordischen Flüchtling hat diese Zeremonie viele Freude gemacht. Bei uns, wo alle Feierlichkeiten kurzröckig sind und wo die größte, die man sich denken kann, mit dem Gewehr auf der Schulter begangen wird, möchte so etwas nicht am Ort sein. Aber hierher gehören diese Schleppröcke, diese friedlichen Begehungen.

Der Doge ist ein gar schön gewachsener und schön gebildeter Mann, der krank sein mag, sich aber um der Würde willen unter dem schweren Rocke gerade hält. Sonst sieht er aus wie der Großpapa des ganzen Geschlechts und ist gar hold und leutselig; die Kleidung steht sehr gut, das Käppchen unter der Mütze beleidigt nicht, indem es ganz fein und durchsichtig auf dem weißesten, klarsten Haar von der Welt ruht.

Als sich alles in der Kirche rangiert hatte und das Hochamt anfing, zogen die Brüderschaften zur Haupttüre herein und zur rechten Seitentüre wieder hinaus, nachdem sie Paar für Paar das Weihwasser empfangen und sich gegen den Hochaltar, den Dogen und den Adel geneigt hatten.

Auf heute Abend hatte ich mir den famosen Gesang der Schiffer bestellt, die den Tasso und Ariost auf ihre eigenen Melodieen singen. Dieses muß wirklich bestellt werden, es kommt nicht gewöhnlich vor, es gehört vielmehr zu den halbverklungenen Sagen der Vorzeit. Bei Mondschein bestieg ich eine Gondel, den einen Sänger vorn, den andern hinten; sie fingen ihr Lied an und sangen abwechselnd Vers für Vers.

Auf welchem Wege sich die Melodie gemacht hat, will ich

nicht untersuchen, genug, sie paßt gar trefflich für einen müßigen Menschen, der sich etwas vormoduliert und Gedichte, die er auswendig kann, solchem Gesang unterschiebt. Mit einer durchdringenden Stimme — das Volk schätzt Stärke vor allem — sitzt er am Ufer einer Insel, eines Kanals, auf einer Barke und läßt sein Lied schallen, so weit er kann. Über den stillen Spiegel verbreitet sich's. In der Ferne vernimmt es ein anderer, der die Melodie kennt, die Worte versteht und mit dem folgenden Verse antwortet; hierauf erwidert der erste, und so ist einer immer das Echo des andern. Der Gesang währt Nächte durch, unterhält sie, ohne zu ermüden. Je ferner sie also von einander sind, desto reizender kann das Lied werden; wenn der Hörer alsdann zwischen beiden steht, so ist er am rechten Flecke.

Um dieses mich vernehmen zu lassen, stiegen sie am Ufer der Giudecca aus; sie teilten sich am Kanal hin, ich ging zwischen ihnen auf und ab, so daß ich immer den verließ, der zu singen anfangen sollte, und mich demjenigen wieder näherte, der aufgehört hatte. Da ward mir der Sinn des Gesangs erst aufgeschlossen. Als Stimme aus der Ferne klingt es höchst sonderbar, wie eine Klage ohne Trauer; es ist darin etwas Unglaubliches, bis zu Tränen Rührendes. Ich schrieb es meiner Stimmung zu, aber mein Alter sagte: "È singolare come quel canto intenerisce e molto più quando è più ben cantato." Er wünschte, daß ich die Weiber vom Lido hören möchte; auch diese sängen den Tasso auf gleiche und ähnliche Melodieen. Er sagte ferner: „Sie haben die Gewohnheit, wenn ihre Männer aufs Fischen ins Meer sind, sich ans Ufer zu setzen und mit durchdringender Stimme abends diese Gesänge erschallen zu lassen, bis sie auch von ferne die Stimme der Ihrigen vernehmen und sich so mit ihnen unterhalten." Ist das nicht sehr schön? Und doch läßt sich wohl denken, daß ein Zuhörer in der Nähe wenig Freude an solchen Stimmen haben möchte, die mit den Wellen des Meeres kämpfen.

Venedig, den 9. Oktober.

Heute abend ging ich auf den Markusturm, denn da ich neulich die Lagunen in ihrer Herrlichkeit zur Zeit der Flut von oben gesehen, wollt' ich sie auch zur Zeit der Ebbe in ihrer Demut schauen, und es ist notwendig diese beiden Bilder zu verbinden, wenn man einen richtigen Begriff haben will. Es sieht sonderbar aus, ringsum überall Land erscheinen zu sehen, wo vorher Wasserspiegel war. Die Inseln sind nicht mehr Inseln, nur höher bebaute Flecke eines großen graugrünlichen Morastes, den schöne Kanäle durchschneiden. Der sumpfige Teil ist mit Wasserpflanzen bewachsen und muß sich auch dadurch nach und nach erheben, obgleich Ebbe und Flut beständig daran rupfen und wühlen und der Vegetation keine Ruhe lassen.

Ich wende mich mit meiner Erzählung nochmals ans Meer: dort habe ich heute die Wirtschaft der Seeschnecken,

Patellen und Taschenkrebse gesehen und mich herzlich darüber gefreut. Was ist doch ein Lebendiges für ein köstliches, herrliches Ding! wie abgemessen zu seinem Zustande, wie wahr, wie seiend! Wie viel nützt mir nicht mein bißchen Studium der Natur, und wie freue ich mich, es fortzusetzen! Doch ich will, da es sich mitteilen läßt, die Freunde nicht mit bloßen Ausrufungen anreizen.

Die dem Meere entgegengebauten Mauerwerke bestehen erst aus einigen steilen Stufen, dann kommt eine sacht ansteigende Fläche, sodann wieder eine Stufe, abermals eine sanft ansteigende Fläche, dann eine steile Mauer mit einem oben überhängenden Kopfe. Diese Stufen, diese Flächen hinan steigt nun das flutende Meer, bis es in außerordentlichen Fällen endlich oben an der Mauer und deren Vorsprung zerschellt.

Dem Meere folgen seine Bewohner, kleine eßbare Schnecken, einschalige Patellen, und was sonst noch beweglich ist, besonders die Taschenkrebse. Kaum aber haben diese Tiere an den glatten Mauern Besitz genommen, so zieht sich schon das Meer, weichend und schwellend wie es gekommen, so wieder zurück. Anfangs weiß das Gewimmel nicht, woran es ist, und hofft immer, die salzige Flut soll wiederkehren; allein sie bleibt aus, die Sonne sticht und trocknet schnell, und nun geht der Rückzug an. Bei dieser Gelegenheit suchen die Taschenkrebse ihren Raub. Wunderlicher und komischer kann man nichts sehen, als die Gebärden dieser aus einem runden Körper und zwei langen

Scheren bestehenden Geschöpfe; denn die übrigen Spinnenfüße sind nicht bemerklich. Wie auf stelzenartigen Armen schreiten sie einher, und sobald eine Patelle sich unter ihrem Schild vom Flecke bewegt, fahren sie zu, um die Schere in den schmalen Raum zwischen der Schale und dem Boden zu stecken, das Dach umzukehren und die Auster zu verschmausen. Die Patelle zieht sachte ihren Weg hin, saugt sich aber gleich fest an den Stein, sobald sie die Nähe des Feindes merkt. Dieser gebärdet sich nun wunderlich um das Dächelchen herum, gar zierlich und affenhaft; aber ihm fehlt die Kraft, den mächtigen Muskel des weichen Tierchens zu überwältigen, er tut auf diese Beute Verzicht, eilt auf eine andere Wandernde los, und die erste setzt ihren Zug sachte fort. Ich habe nicht gesehen, daß irgend ein Taschenkrebs zu seinem Zweck gelangt wäre, obgleich ich den Rückzug dieses Gewimmels stundenlang, wie sie die beiden Flächen und die dazwischen liegenden Stufen hinabschlichen, beobachtet habe.

Venedig, den 12. Oktober.

Gott sei Dank! wie mir alles wieder lieb wird, was mir von Jugend auf wert war! Wie glücklich befinde ich mich, daß ich den alten Schriftstellern wieder näher zu treten wage! Denn jetzt darf ich es sagen, darf meine Krankheit und Torheit bekennen. Schon einige Jahre her durft' ich keinen lateinischen Autor ansehen, nichts betrachten, was mir ein Bild Italiens erneute. Geschah es zufällig, so erduldete ich die entsetzlichsten Schmerzen. Herder spottete oft über mich, daß ich all mein Latein aus dem Spinoza lerne, denn er hatte bemerkt, daß dies das einzige lateinische Buch war, das ich las; er wußte aber nicht, wie sehr ich mich vor den Alten hüten mußte, wie ich mich in jene abstrusen Allgemeinheiten nur ängstlich flüchtete. Noch zuletzt hat mich die Wielandsche Übersetzung der Satiren des Horaz höchst unglücklich gemacht; ich hatte kaum zwei gelesen, so war ich schon verrückt.

Hätte ich nicht den Entschluß gefaßt, den ich jetzt ausführe, so wär' ich rein zu Grunde gegangen; zu einer solchen Reise war die Begierde, diese Gegenstände mit Augen zu sehen, in meinem Gemüt gestiegen. Die historische Kenntnis fördert mich nicht; die Dinge standen nur eine Hand breit von mir ab, aber durch eine undurchdringliche Mauer geschieden. Es ist mir wirklich auch jetzt nicht etwa zu Mute, als wenn ich die Sachen zum erstenmal sähe, sondern als ob ich sie wiedersähe. Ich bin nur kurze Zeit in Venedig und habe mir die hiesige Existenz genugsam zugeeignet und weiß, daß ich, wenn auch einen unvollständigen, doch einen ganz klaren und wahren Begriff mit wegnehme.

Italy was a release to him because it brought the resolution that he would not be a plastic art

III. VENICE TO ROME.

Bologna, den 19. Oktober.

Indem ich mich nun in dem Drang einer solchen Überfülle des Guten und Wünschenswerten geängstigt fühle, so muß ich meine Freunde an einen Traum erinnern, der mir, es wird eben ein Jahr sein, bedeutend genug schien. Es träumte mir nämlich: ich landete mit einem ziemlich großen Kahn an einer fruchtbaren, reich bewachsenen Insel, von der mir bewußt war, das daselbst die schönsten Fasanen zu haben seien. Auch handelte ich sogleich mit den Einwohnern um solches Gefieder, welches sie auch sodann häufig, getötet, herbeibrachten. Es waren wohl Fasanen, wie aber der Traum alles umzubilden pflegt, so erblickte man lange, farbig beaugte Schweife, wie von Pfauen oder seltenen Paradiesvögeln. Diese brachte man mir schockweise ins Schiff, legte sie mit den Köpfen nach innen, so zierlich gehäuft, daß die langen bunten Federschweife, nach außen hangend, im Sonnenglanz den herrlichsten Schober bildeten, den man sich denken kann, und zwar so reich, daß für den Steuernden und die Rudernden kaum hinten und vorn geringe Räume verblieben. So durchschnitten wir die ruhige Flut, und ich nannte mir indessen schon die Freunde, denen ich von diesen bunten Schätzen mitteilen wollte. Zuletzt in einem großen Hafen landend, verlor ich mich zwischen ungeheuer bemasteten Schiffen, wo ich von Verdeck auf Verdeck stieg, um meinem kleinen Kahn einen sichern Landungsplatz zu suchen.

An solchen Wahnbildern ergötzen wir uns, die, weil sie aus uns selbst entspringen, wohl Analogie mit unserm übrigen Leben und Schicksalen haben müssen.

Lojano, den 21. Oktober.

Ob ich mich heute selbst aus Bologna getrieben, oder ob ich daraus gejagt worden, wüßte ich nicht zu sagen. Genug, ich ergriff mit Leidenschaft einen schnellern Anlaß, abzureisen. Nun bin ich hier in einem elenden Wirtshause in Gesellschaft eines päpstlichen Offiziers, der nach Perugia, seiner Vaterstadt, geht. Als ich mich zu ihm in den zweiräderigen Wagen setzte, machte ich ihm, um etwas zu reden, das Kompliment, daß ich als ein Deutscher, der gewohnt sei, mit Soldaten umzugehen, sehr angenehm finde, nun mit einem päpstlichen Offizier in Gesellschaft zu reisen.

„Nehmt mir nicht übel," versetzte er darauf, „Ihr könnt wohl eine Neigung zum Soldatenstande haben; denn ich höre, in Deutschland ist alles Militär; aber was mich betrifft, obgleich unser Dienst sehr läßlich ist und ich in Bologna, wo ich in Garnison stehe, meiner Bequemlichkeit vollkommen pflegen kann, so wollte ich doch, daß ich diese Jacke los wäre und das Gütchen meines Vaters verwaltete. Ich bin aber der jüngere Sohn, und so muß ich mir's gefallen lassen."

Perugia, den 25. Oktober.

Gestern abend habe ich von meinem Hauptmann Abschied genommen, mit der Versicherung, mit dem Versprechen, ihn auf meiner Rückreise in Bologna zu besuchen. Er ist ein wahrer Repräsentant vieler seiner Landsleute. Hier einiges, das ihn besonders bezeichnet. Da ich oft still und nachdenklich war, sagte er einmal: „Was denkt Ihr viel! Der Mensch muß niemals denken, denkend altert man nur.“ Und nach einigem Gespräch: „Der Mensch muß sich nicht auf eine einzige Sache heften, denn da wird er toll; man muß tausend Sachen, eine Konfusion im Kopfe haben.“

Der gute Mann konnte freilich nicht wissen, daß ich eben darum still und nachdenkend war, weil eine Konfusion von alten und neuen Gegenständen mir den Kopf verwirrte. Die Bildung eines solchen Italieners wird man noch klarer aus folgendem erkennen. Da er wohl merkte, daß ich Protestant sei, sagte er nach einigem Umschweif, ich möchte ihm doch gewisse Fragen erlauben; denn er habe so viel Wunderliches von uns Protestanten gehört, worüber er endlich einmal Gewißheit zu haben wünsche.

„Man versichert uns,“ sagte er, „daß Friedrich der Große, welcher so viele Siege selbst über die Gläubigen davon getragen und die Welt mit seinem Ruhm erfüllt, daß er, den jedermann für einen Ketzer hält, wirklich katholisch sei und vom Papste die Erlaubnis habe, es zu verheimlichen; denn er kommt, wie man weiß, in keine eurer Kirchen, verrichtet aber seinen Gottesdienst in einer unterirdischen Kapelle mit zerknirschtem Herzen, daß er die heilige Religion nicht öffentlich bekennen darf; denn freilich, wenn er das täte, würden ihn seine Preußen, die wütende Ketzer sind, auf der Stelle totschlagen, wodurch denn der Sache nicht geholfen wäre. Deswegen hat ihm der heilige Vater jene Erlaubnis gegeben; dafür er denn aber auch die alleinseligmachende Religion im stillen so viel ausbreitet und begünstigt als möglich."

Ich ließ das alles gelten und erwiderte nur, da es ein großes Geheimnis sei, könnte freilich niemand davon Zeugnis geben. Unsere fernere Unterhaltung war ungefähr immer von derselben Art, so daß ich mich über die kluge Geistlichkeit wundern mußte, welche alles abzulehnen und zu entstellen sucht, was den dunkeln Kreis ihrer herkömmlichen Lehre durchbrechen und verwirren könnte.

Foligno, den 26. Oktober.

Ich verließ Perugia an einem herrlichen Morgen und fühlte die Seligkeit, wieder allein zu sein. Die Lage der Stadt ist schön, der Anblick des Sees höchst erfreulich. Ich habe mir die Bilder wohl eingedrückt. Der Weg ging erst hinab, dann in einem frohen, an beiden Seiten in der Ferne von Hügeln eingefaßten Tale hin; endlich sah ich Assisi liegen.

Aus Palladio wußte ich, daß ein köstlicher Tempel der

Minerva, zu Zeiten Augustus gebaut, noch vollkommen erhalten dastehe. Ich verließ bei Madonna del Angelo meinen Vetturin, der seinen Weg nach Foligno verfolgte, und stieg unter einem starken Wind nach Assisi hinauf; denn ich sehnte mich, durch die für mich so einsame Welt eine Fußwanderung anzustellen. Ich fragte einen hübschen Jungen nach der Maria della Minerva; er begleitete mich die Stadt hinauf, die an einen Berg gebaut ist. Endlich gelangten wir in die eigentliche alte Stadt, und siehe, das löblichste Werk stand vor meinen Augen, das erste vollständige Denkmal der alten Zeit, das ich erblickte. Ein bescheidener Tempel, wie er sich für eine so kleine Stadt schickte, und doch so vollkommen, so schön gedacht, daß er überall glänzen würde. Ungern riß ich mich von dem Anblick los und nahm mir vor, alle Architekten auf dieses Gebäude aufmerksam zu machen.

Ich ging am schönsten Abend die römische Straße bergab, im Gemüt zum schönsten beruhigt, als ich hinter mir rauhe, heftige Stimmen vernahm, die unter einander stritten. Ich vermutete, daß es die Sbirren sein möchten, die ich schon in der Stadt bemerkt hatte. Ich ging gelassen vor mich hin und horchte hinterwärts. Da konnte ich nun gar bald bemerken, daß es auf mich gemünzt sei. Vier solche Menschen, zwei davon mit Flinten bewaffnet, in unerfreulicher Gestalt, gingen vor mir vorbei, brummten, kehrten nach einigen Schritten zurück und umgaben mich. Sie fragten, wer ich wäre und was ich hier täte. Ich erwiderte, ich sei ein Fremder, der seinen Weg über Assisi zu Fuße mache, indessen der Vetturin nach Foligno fahre. Dies kam ihnen nicht wahrscheinlich vor, daß jemand einen Wagen bezahle und zu Fuße gehe. Sie fragten, ob ich im Gran Convento gewesen sei. Ich verneinte dies und versicherte ihnen, ich kenne das Gebäude von alten Zeiten her. Da ich aber ein Baumeister sei, habe ich diesmal nur die Maria della Minerva in Augenschein genommen, welche, wie sie wüßten, ein musterhaftes Gebäude sei. Das leugneten sie nicht, nahmen aber sehr übel, daß ich dem Heiligen meine Aufwartung nicht gemacht, und gaben ihren Verdacht zu erkennen, daß wohl mein Handwerk sein möchte, Kontrebande einzuschwärzen. Ich zeigte ihnen das Lächerliche, daß ein Mensch, der allein auf der Straße gehe, ohne Ranzen, mit leeren Taschen, für einen Kontrebandisten gehalten werden solle. Darauf erbot ich mich, mit ihnen nach der Stadt zurück und zum Podestà zu gehen, ihm meine Papiere vorzulegen, da er mich denn als einen ehrenvollen Fremden anerkennen werde. Sie brummten hierauf und meinten, es sei nicht nötig, und als ich mich immerfort mit entschiedenem Ernst betrug, entfernten sie sich endlich wieder nach der Stadt zu. Ich sah ihnen nach. Da gingen nun diese rohen Kerle im Vordergrunde, und hinter ihnen her blickte mich die liebliche Minerva noch einmal sehr freundlich und tröstend an; dann schaute ich links auf den tristen Dom des heiligen Franziskus und wollte meinen Weg verfolgen, als einer der Unbewaffneten sich von der Truppe sonderte und ganz freundlich auf mich loskam. Grüßend sagte er sogleich: „Ihr solltet, mein Herr Fremder, wenigstens mir ein Trinkgeld geben; denn ich versichere, daß ich Euch alsobald für einen braven Mann gehalten und dies laut gegen meine Gesellen erklärt habe. Das sind aber Hitzköpfe und gleich oben hinaus und haben keine Weltkenntnis. Auch werdet Ihr bemerkt haben, daß ich Euern Worten zuerst Beifall und Gewicht gab." Ich lobte ihn deshalb und ersuchte ihn, ehrenhafte Fremde, die nach Assisi sowohl wegen der Religion als wegen der Kunst kämen, zu beschützen, besonders die Baumeister, die zum Ruhme der Stadt den Minerventempel, den man noch niemals recht gezeichnet und in Kupfer gestochen, nunmehr messen und abzeichnen wollten. Er möchte ihnen zur Hand gehen, da sie sich denn gewiß dankbar erweisen würden. Und somit drückte ich ihm einige Silberstücke in die Hand, die ihn über seine Erwartung erfreuten. Er bat mich, ja wiederzukommen, besonders müsse ich das Fest des Heiligen nicht versäumen, wo ich mich mit größter Sicherheit erbauen und vergnügen sollte. Er schied nun, beteuernd, daß er noch heute abend bei dem Grabe des Heiligen meiner in Andacht gedenken und für meine fernere Reise beten wolle. So trennten wir uns, und mir war sehr wohl, mit der Natur und mit mir selbst wieder allein zu sein. Der Weg nach Foligno war einer der schönsten und anmutigsten Spaziergänge, die ich jemals zurückgelegt. Vier volle Stunden an einem Berge hin, rechts ein reichbebautes Tal.

IV. ROME.

Rom, den 2. November.

Ja, ich bin endlich in dieser Hauptstadt der Welt angelangt! Wenn ich sie in guter Begleitung, angeführt von einem recht verständigen Manne, vor fünfzehn Jahren gesehen hätte, wollte ich mich glücklich preisen. Sollte ich sie aber allein, mit eigenen Augen sehen und besuchen, so ist es gut, daß mir diese Freude so spät zu teil ward.

Über das Tiroler Gebirg bin ich gleichsam weggeflogen. Verona, Vicenza, Padua, Venedig habe ich gut, Ferrara, Cento, Bologna flüchtig und Florenz kaum gesehen. Die Begierde, nach Rom zu kommen, war so groß, wuchs so sehr mit jedem Augenblicke, daß kein Bleibens mehr war und ich mich nur drei Stunden in Florenz aufhielt. Nun bin ich hier und ruhig und, wie es scheint, auf mein ganzes Leben beruhigt. Denn es geht, man darf wohl sagen, ein neues Leben an, wenn man das Ganze mit Augen sieht, das man teilweise in- und auswendig kennt. Alle Träume meiner Jugend seh' ich nun lebendig, die ersten Kupferbilder, deren ich mich erinnere — mein Vater hatte die Prospekte von Rom auf einem Vorsaale aufgehängt — seh' ich nun in Wahrheit, und alles, was ich in Gemälden und Zeichnungen, Kupfern und Holzschnitten, in Gips und Kork schon lange gekannt, steht nun beisammen vor mir; wohin ich gehe, finde ich eine Bekanntschaft in einer neuen Welt; es ist alles, wie ich mir's dachte, und alles neu.

Rom, den 3. November.

Einer der Hauptbeweggründe, die ich mir vorspiegelte, um nach Rom zu eilen, war das Fest Allerheiligen, der erste November; denn ich dachte: Geschieht dem einzelnen Heiligen so viel Ehre, was wird es erst mit allen werden! Allein wie sehr betrog ich mich! Kein auffallend allgemeines Fest hatte die römische Kirche beliebt, und jeder Orden mochte im besondern das Andenken seines Patrons im stillen feiern; denn das Namensfest und der ihm zugeteilte Ehrentag ist's eigentlich, wo jeder in seiner Glorie erscheint.

Gestern aber, am Tage Allerseelen, gelang mir's besser. Das Andenken dieser feiert der Papst in seiner Hauskapelle auf dem Quirinal. Jedermann hat freien Zutritt. Wir eilten mit der Menge durch den prächtig geräumigen Hof eine übergeräumige Treppe hinauf. In diesen Vorsälen der Kapelle gegenüber, in der Ansicht der Reihe von Zimmern fühlt man sich wunderbar unter einem Dache mit dem Statthalter Christi.

Die Funktion war angegangen, Papst und Kardinäle schon in der Kirche. Der heilige Vater, die schönste, würdigste Männergestalt, Kardinäle von verschiedenem Alter und Bildung. Mich ergriff ein wunderbar Verlangen, das Oberhaupt der Kirche möge den goldenen Mund auftun und, von dem unaussprechlichen Heil der seligen Seelen mit Entzücken sprechend, uns in Entzücken versetzen. Da ich ihn aber vor dem Altare sich nur hin und her bewegen sah, bald nach dieser, bald nach jener Seite sich wendend, sich wie ein gemeiner Pfaffe gebärdend und murmelnd, da regte sich die protestantische Erbsünde, und mir wollte das bekannte und gewohnte Meßopfer hier keineswegs gefallen. Hat doch Christus schon als Knabe durch mündliche Auslegung der Schrift gelehrt und gewirkt; denn er sprach gern, geistreich und gut, wie wir aus den Evangelien wissen. Was würde der sagen, dacht' ich, wenn er hereinträte und sein Ebenbild auf Erden summend und hin und wieder wankend anträfe? Das Venio iterum crucifigi fiel mir ein, und ich zupfte meinen Gefährten, daß wir ins Freie aus den gewölbten und gemalten Sälen kämen.

Rom, den 18. November.

Nun muß ich aber auch von einem wunderbaren problematischen Bilde sprechen.

Schon vor mehreren Jahren hielt sich hier ein Franzose auf, als Liebhaber der Kunst und Sammler bekannt. Er kommt zum Besitz eines antiken Gemäldes auf Kalk, niemand weiß, woher; er läßt das Bild durch Mengs restaurieren und hat es als ein geschätztes Werk in seiner Sammlung. Winckelmann spricht irgendwo mit Enthusiasmus davon. Es stellt den Ganymed vor, der dem Jupiter eine

Schale Wein reicht und dagegen einen Kuß empfängt. Der Franzose stirbt und hinterläßt das Bild seiner Wirtin als antik. Mengs stirbt und sagt auf seinem Todbette, es sei nicht antik, er habe es gemalt. Und nun streitet alles gegen einander. Der eine behauptet, es sei von Mengs zum Scherz nur so leicht hingemacht; der andere Teil sagt, Mengs habe nie so etwas machen können, ja es sei beinahe für Raphael zu schön. Ich habe es gestern gesehen und muß sagen, daß ich auch nichts Schöneres kenne als die Figur Ganymeds, Kopf und Rücken; das andere ist viel restauriert. Indessen ist das Bild diskreditiert, und die arme Frau will niemand von dem Schatz erlösen.

Rom, den 22. November.

Das Andenken dieses glücklichen Tages muß ich durch einige Zeilen lebhaft erhalten und, was ich genossen, wenigstens historisch mitteilen. Es war das schönste, ruhigste Wetter, ein ganz heiterer Himmel und warme Sonne. Ich ging mit Tischbein nach dem Petersplatze, wo wir erst auf- und abgingen und, wenn es uns zu warm wurde, im Schatten des großen Obelisken, der eben für zwei breit genug geworfen wird, spazierten und Trauben verzehrten, die wir in der Nähe gekauft hatten. Dann gingen wir in die Sixtinische Kapelle, die wir hell und heiter, die Gemälde wohl erleuchtet fanden. Das jüngste Gericht und die mannigfaltigen Gemälde der Decke von Michel Angelo teilten unsere Bewunderung. Ich konnte nur sehen und anstaunen. Nachdem wir alles wieder und wieder gesehen, verließen wir dieses Heiligtum und gingen nach der Peterskirche, die von dem heitern Himmel das schönste Licht empfing und in allen Teilen hell und klar erschien. Wir ergötzten uns als genießende Menschen an der Größe und der Pracht, ohne durch allzu eklen und zu verständigen Geschmack uns diesmal irre machen zu lassen, und unterdrückten jedes schärfere Urteil. Wir erfreuten uns des Erfreulichen.

Endlich bestiegen wir das Dach der Kirche, wo man das Bild einer wohlgebauten Stadt im kleinen findet. Häuser und Magazine, Brunnen, dem Ansehen nach Kirchen und einen großen Tempel, alles in der Luft und schöne Spaziergänge dazwischen. Wir bestiegen die Kuppel und besahen die hellheitere Gegend der Apenninen, den Berg Soracte, die Ebene und das weite Meer. Näher vor uns die ganze Stadt Rom in ihrer Breite und Weite mit ihren Bergpalästen, Kuppeln, usw. Es rührte sich keine Luft, und in dem kupfernen Knopf war es heiß wie in einem Treibhause. Nachdem wir das alles beherzigt hatten, stiegen wir herab und ließen uns die Türen zu den Gesimsen der Kuppel, des Tambours und des Schiffs aufschließen; man kann um dieselben herumgehen und diese Teile und die Kirche von oben betrachten. Als wir auf dem Gesimse des Tambours standen, ging der Papst unten in der Tiefe vorbei, seine Nachmittagsandacht zu halten. Es fehlte uns also nichts zur Peterskirche. Wir stiegen völlig wieder herab und nahmen in einem benachbarten Gasthofe ein fröhliches frugales Mahl.

Rom, den 13. Dezember.

Dieser Brief kommt euch zum neuen Jahre. Alles Glück zum Anfange! vor Ende sehen wir uns wieder, und das wird keine geringe Freude sein. Das vergangene war das wichtigste meines Lebens; ich mag nun sterben oder noch eine Weile dauern, in beiden Fällen war es gut. Jetzt noch ein Wort an die Kleinen!

Den Kindern mögt ihr folgendes lesen oder erzählen: Man merkt den Winter nicht, die Gärten sind mit immergrünen Bäumen bepflanzt, die Sonne scheint hell und warm, Schnee sieht man nur auf den entferntesten Bergen gegen Norden. Die Zitronenbäume, die in den Gärten an den Wänden gepflanzt sind, werden nun nach und nach mit Decken von Rohr überdeckt, die Pomeranzenbäume aber bleiben frei stehen. Es hängen viele Hunderte der schönsten Früchte an so einem Baum, der nicht wie bei uns beschnitten und in einen Kübel gepflanzt ist, sondern in der Erde frei und froh in einer Reihe mit seinen Brüdern steht. Man kann sich nichts Lustigeres denken, als einen solchen Anblick. Für ein geringes Trinkgeld ißt man deren, so viel man will. Sie sind schon jetzt recht gut; im März werden sie noch besser sein.

Neulich waren wir am Meere und ließen einen Fischzug tun; da kamen die wunderlichsten Gestalten zum Vorschein an Fischen, Krebsen und seltsamen Unformen; auch der Fisch, der dem Berührenden einen elektrischen Schlag gibt.

Rom, den 25. Dezember.

Der Marmor ist ein seltsames Material; deswegen ist Apoll von Belvedere im Urbilde so grenzenlos erfreulich, denn der höchste Hauch des lebendigen, ewig jungen Wesens verschwindet gleich im besten Gipsabguß. Und doch was für eine Freude bringt es, zu einem Gipsgießer hineinzutreten, wo man die herrlichen Glieder der Statuen einzeln aus der Form hervorgehen sieht und dadurch ganz neue Ansichten der Gestalten gewinnt! Ich habe mich nicht enthalten können, den kolossalen Kopf eines Jupiters anzuschaffen. Er steht meinem Bette gegenüber, wohl beleuchtet, damit ich sogleich meine Morgenandacht an ihn richten kann, und hat uns bei aller seiner Großheit und Würde das lustigste Geschichtchen veranlaßt.

Unserer alten Wirtin schleicht gewöhnlich, wenn sie das Bett zu machen hereinkommt, ihre vertraute Katze nach. Ich saß im großen Saale und hörte die Frau drinne ihr Geschäft treiben. Auf einmal sehr eilig und heftig gegen ihre Gewohnheit öffnet sie die Türe und ruft mich, eilig zu kommen und ein Wunder zu sehen. Auf meine Frage, was es sei, erwiderte sie, die Katze bete Gott Vater an. Sie habe diesem Tiere wohl längst angemerkt, daß es Verstand habe wie ein Christ; dieses aber sei doch ein großes

Wunder. Ich eilte, mit eigenen Augen zu sehen, und es war wirklich wunderbar genug. Die Büste steht auf einem hohen Fuße, und der Körper ist weit unter der Brust abgeschnitten, so daß also der Kopf in die Höhe ragt. Nun war die Katze auf den Tisch gesprungen, hatte ihre Pfoten dem Gott auf die Brust gelegt und reichte mit ihrer Schnauze, indem sie die Glieder möglichst ausdehnte, gerade bis an den heiligen Bart, den sie mit der größten Zierlichkeit beleckte und sich weder durch den Ausruf der Wirtin, noch durch meine Dazwischenkunft im mindesten stören ließ. Der guten Frau ließ ich ihre Verwunderung, erklärte mir aber diese seltsame Katzenandacht dadurch, daß dieses scharf riechende Tier wohl das Fett möchte gespürt haben, das sich aus der Form in die Vertiefungen des Bartes gesenkt und dort verhalten hatte.

Rom, den 29. Dezember.

In diesem Künstlerwesen lebt man wie in einem Spiegelzimmer, wo man auch wider Willen sich selbst und andere oft wiederholt sieht. Ich bemerkte wohl, daß Tischbein mich öfters aufmerksam betrachtete, und nun zeigt sich's, daß er mein Porträt zu malen gedenkt. Sein Entwurf ist fertig, er hat die Leinwand schon aufgespannt. Ich soll in Lebensgröße als Reisender, in einen weißen Mantel gehüllt, in freier Luft auf einem umgestürzten Obelisken sitzend, vorgestellt werden, die tief im Hintergrunde liegenden Ruinen der Campagna überschauend. Es gibt ein schönes Bild, nur zu groß für unsere nordischen Wohnungen. Ich werde wohl wieder dort unterkriechen, das Porträt aber wird keinen Platz finden.

Rom, den 13. Januar 1787.

Wie viel hätte ich jeden Tag zu sagen, und wie sehr hält mich Anstrengung und Zerstreuung ab, ein kluges Wort aufs Papier zu bringen! Dazu kommen noch die frischen Tage, wo es überall besser ist als in den Zimmern, die ohne Ofen und Kamin uns nur zum Schlafen oder Mißbehagen aufnehmen. Einige Vorfälle der letzten Woche darf ich jedoch nicht unberührt lassen.

Im Palaste Giustiniani steht eine Minerva, die meine ganze Verehrung hat. Winckelmann gedenkt ihrer kaum, wenigstens nicht an der rechten Stelle, und ich fühle mich nicht würdig genug, über sie etwas zu sagen. Als wir die Statue besahen und uns lang dabei aufhielten, erzählte uns die Frau des Kustoden, es sei dieses ein ehemals heiliges Bild gewesen, und die Inglesi, welche von dieser Religion seien, pflegten es noch zu verehren, indem sie ihm die eine Hand küßten, die auch wirklich ganz weiß war, da die übrige Statue bräunlich ist. Auch setzte sie hinzu, eine Dame dieser Religion sei vor kurzem da gewesen, habe sich auf die Kniee niedergeworfen und die Statue angebetet. Eine so wunderliche Handlung habe sie, eine Christin, nicht ohne

Lachen ansehen können und sei zum Saal hinausgelaufen, um nicht loszuplatzen. Da ich auch von der Statue nicht weg wollte, fragte sie mich, ob ich etwa eine Schöne hätte, die diesem Marmor ähnlich sähe, daß er mich so sehr anzöge. Das gute Weib kannte nur Anbetung und Liebe, aber von der reinen Bewunderung eines herrlichen Werkes, von der brüderlichen Verehrung eines Menschengeistes konnte sie keinen Begriff haben. Wir freuten uns über die englische Dame und gingen weg mit der Begier, umzukehren, und ich werde gewiß bald wieder hingehen.

Rom, den 18. Januar.

Gestern, also am Feste des heiligen Antonius Abbas, machten wir uns einen lustigen Tag; es war das schönste Wetter von der Welt, hatte die Nacht Eis gefroren, und der Tag war heiter und warm. Sankt Anton der Abt ist Patron der vierfüßigen Geschöpfe, sein Fest ein Feiertag für die sonst belasteten Tiere, sowie für ihre Wärter und Lenker. Alle Herrschaften müssen heute zu Hause bleiben oder zu Fuß gehen; man verfehlt niemals, bedenkliche Geschichten zu erzählen, wie ungläubige Vornehme, welche ihre Kutscher an diesem Tage zu fahren genötigt, durch große Unfälle gestraft worden.

Die Kirche liegt an einem so weitschichtigen Platz, daß er beinahe für öde gelten könnte; heute ist er aber auf das lustigste belebt; Pferde und Maultiere, deren Mähnen und

Schweife mit Bändern schön, ja prächtig eingeflochten sind, werden vor die kleine, von der Kirche etwas abstehende Kapelle geführt, wo ein Priester, mit einem großen Wedel versehen, das Weihwasser, das in Butten und Kübeln vor ihm steht, nicht schonend auf die muntern Geschöpfe derb losspritzt, manchmal sogar schalkhaft, um sie zu reizen. Andächtige Kutscher bringen größere oder kleinere Kerzen, die Herrschaften senden Almosen und Geschenke, damit die kostbaren, nützlichen Tiere ein Jahr über vor allem Unfall sicher bleiben mögen. Esel und Hornvieh, ihren Besitzern eben so nützlich und wert, nehmen gleichfalls an diesem Segen ihr beschieden Teil.

Rom, den 2. Februar.

Von der Schönheit, im vollen Mondschein Rom zu durchgehen, hat man, ohne es gesehen zu haben, keinen Begriff. Alles einzelne wird von den großen Massen des Lichts und Schattens verschlungen, und nur die größten, allgemeinsten Bilder stellen sich dem Auge dar. Seit drei Tagen haben wir die hellsten und herrlichsten Nächte wohl und vollständig genossen. Einen vorzüglich schönen Anblick gewährt das Koliseum. Es wird nachts zugeschlossen; ein Eremit wohnt darin an einem Kirchelchen, und Bettler nisten in den verfallenen Gewölben. Sie hatten auf flachem Boden ein Feuer angelegt, und eine stille Luft trieb den Rauch erst auf der Arena hin, daß der untere

Teil der Ruinen bedeckt war und die ungeheuern Mauern oben finster herausragten; wir standen am Gitter und sahen dem Phänomen zu; der Mond stand hoch und heiter. Nach und nach zog sich der Rauch durch die Wände, Lücken und Öffnungen; ihn beleuchtete der Mond wie einen Nebel. Der Anblick war köstlich. So muß man das Pantheon, das Kapitol beleuchtet sehen, den Vorhof der Peterskirche und andere große Straßen und Plätze.

Rom, den 13. Februar.

Eines Glücksfalls muß ich erwähnen, obgleich eines geringen. Doch alles Glück, groß oder klein, ist von *einer* Art und immer erfreulich. Auf Trinità de' Monti wird der Grund zum neuen Obelisken gegraben; dort oben ist alles aufgeschüttetes Erdreich von Ruinen der Gärten des Lucullus, die nachher an die Kaiser kamen. Mein Perückenmacher geht frühe dort vorbei und findet im Schutte ein flaches Stück gebrannten Ton mit einigen Figuren, wäscht's und zeigt es uns. Ich eigne es mir gleich zu. Es ist nicht gar eine Hand groß und scheint von dem Rande einer großen Schüssel zu sein. Es stehen zwei Greife an einem Opfertische; sie sind von der schönsten Arbeit und freuen mich ungemein. Stünden sie auf einem geschnittenen Stein, wie gern würde man damit siegeln!

Rom, den 21. Februar.

Ich benutze die Augenblicke zwischen dem Einpacken, um noch einiges nachzuholen. Morgen gehen wir nach Neapel. Ich freue mich auf das Neue, das unaussprechlich schön sein soll, und hoffe, in jener paradiesischen Natur wieder neue Freiheit und Lust zu gewinnen, hier im ernsten Rom wieder an das Studium der Kunst zu gehen.

Das Einpacken wird mir leicht; ich tue es mit leichterem Herzen als vor einem halben Jahre, da ich mich von allen loslöste, was mir so lieb und wert war. Ja, es ist schon ein halbes Jahr, und von den vier Monaten in Rom zugebracht, habe ich keinen Augenblick verloren; welches zwar viel heißen will, aber doch nicht zu viel gesagt ist.

Beim Aufräumen fallen mir einige Eurer lieben Briefe in die Hand, und da treffe ich beim Durchlesen auf den Vorwurf, daß ich mir in meinen Briefen widerspreche. Das kann ich zwar nicht merken — denn was ich geschrieben habe, schicke ich gleich fort — es ist mir aber selbst sehr wahrscheinlich; denn ich werde von ungeheuren Mächten hin und wieder geworfen, und da ist es wohl natürlich, daß ich nicht immer weiß, wo ich stehe.

Man erzählt von einem Schiffer, der, von einer stürmischen Nacht auf der See überfallen, nach Hause zu steuern trachtete. Sein Söhnchen, in der Finsternis an ihn geschmiegt, fragte: „Vater, was ist denn das für ein närrisches Lichtchen dort, das ich bald über uns, bald unter uns sehe?" Der Vater versprach ihm die Erklärung des andern

Tags, und da fand es sich, daß es die Flamme des Leuchtturms gewesen, die einem von wilden Wogen auf und
nieder geschaukelten Auge bald unten, bald oben erschien.

Auch ich steure auf einem leidenschaftlich bewegten Meere dem Hafen zu, und halte ich die Glut des Leuchtturms nur scharf im Auge, wenn sie mir auch den Platz zu verändern scheint, so werde ich doch zuletzt am Ufer genesen.

V. NAPLES. I.

Neapel, den 25. Februar.

Endlich auch hier glücklich und mit guten Vorbedeutungen angekommen. Von der Tagereise nur so viel: Sant' Agata verließen wir mit Sonnenaufgang; der Wind blies heftig hinter uns her, und dieser Nordost hielt den ganzen Tag an. Erst Nachmittag ward er Herr von den Wolken; wir litten von Kälte.

Unser Weg ging durch und über vulkanische Hügel, wo ich nur noch wenige Kalkfelsen zu bemerken glaubte. Endlich erreichten wir die Ebene von Capua; bald darnach Capua selbst, wo wir Mittag hielten. Die Chaussee geht breit zwischen grünen Weizenfeldern durch; der Weizen ist wie ein Teppich und wohl spannenhoch.

Der Vesuv blieb uns immer zur linken Seite, gewaltsam dampfend, und ich war still für mich erfreut, daß ich diesen merkwürdigen Gegenstand endlich auch mit Augen sah. Der Himmel ward immer klärer, und zuletzt schien die Sonne recht heiß in unsere enge, rollende Wohnung. Bei ganz rein-heller Atmosphäre kamen wir Neapel näher, und nun fanden wir uns wirklich in einem andern Lande. Die Gebäude mit flachen Dächern deuten auf eine andere Himmelsgegend; inwendig mögen sie nicht sehr freundlich sein. Alles ist auf der Straße, sitzt in der Sonne, so lange sie scheinen will. Der Neapolitaner glaubt im Besitz des

Paradieses zu sein und hat von den nördlichen Ländern einen sehr traurigen Begriff: Sempre neve, case di legno, gran ignoranza, ma danari assai. Solch ein Bild machen sie sich von unserm Zustande! Zur Erbauung sämtlicher deutschen Völkerschaften heißt diese Charakteristik übersetzt: „Immer Schnee, hölzerne Häuser, große Unwissenheit, aber Geld genug.“

Neapel, den 26. Februar.

Der Saal unsers Gasthofs ist munter dekoriert, besonders aber die Decke, deren Arabesken in hundert Abteilungen schon die Nähe von Pompeji und Herkulanum verkünden. Das wäre nun alles schön und gut; aber keine Feuerstätte, kein Kamin ist zu bemerken, und der Februar übt denn doch auch hier seine Rechte. Ich sehnte mich nach einiger Erwärmung.

Man brachte mir einen Dreifuß, von der Erde dergestalt erhöht, daß man die Hände bequem darüber halten konnte. Auf demselben war ein flaches Becken befestigt; dieses enthielt ganz zarte glühende Kohlen, gar glatt mit Asche bedeckt. Hier gilt es nun haushälterisch sein, wie wir es in Rom schon gelernt. Mit dem Ohr eines Schlüssels zieht man von Zeit zu Zeit die oberflächliche Asche behutsam weg, so daß von den Kohlen wieder etwas an die freie Luft gelange. Wollte man jedoch ungeduldig die Glut aufwühlen, so würde man einen Augenblick größere Wärme spüren, aber sehr bald die ganze Glut erschöpft haben, da denn das Becken abermals gegen Erlegung einer gewissen Summe zu füllen wäre.

Ich befand mich nicht ganz wohl und hätte freilich mehr Bequemlichkeit gewünscht. Eine Schilfmatte diente gegen die Einflüsse des Estrichs; Pelze sind nicht gewöhnlich, und ich entschloß mich, eine Schifferkutte, die wir aus Scherz mitgenommen hatten, anzuziehen, die mir gute Dienste leistete, besonders nachdem ich sie mit einem Kofferstrick um den Leib befestigt hatte; da ich mir denn, als Mittelding zwischen Matrosen und Kapuziner, sehr komisch vorkommen mußte. Tischbein, der von Besuchen bei Freunden zurückkehrte, konnte sich des Lachens nicht enthalten.

Neapel, den 6. März.

Obgleich ungern, doch aus treuer Geselligkeit begleitete Tischbein mich heute auf den Vesuv. Am Fuße des steilen Hanges empfingen uns zwei Führer, ein älterer und ein jüngerer, beide tüchtige Leute. Der erste schleppte mich, der zweite Tischbein den Berg hinauf. Sie schleppten, sage ich; denn ein solcher Führer umgürtet sich mit einem ledernen Riemen, in welchen der Reisende greift und, hinaufwärts gezogen, sich an einem Stabe auf seinen eigenen Füßen desto leichter emporhilft.

So erlangten wir die Fläche, über welcher sich der Kegelberg erhebt, gegen Norden die Trümmer der Somma. Ein Blick westwärts über die Gegend nahm, wie ein heilsames Bad, alle Schmerzen der Anstrengung und alle Müdigkeit hinweg, und wir umkreisten nunmehr den immer qualmenden, Stein und Asche auswerfenden Kegelberg. So lange der Raum gestattete, in gehöriger Entfernung zu bleiben, war es ein großes, geisterhebendes Schauspiel. Erst ein gewaltsamer Donner, der aus dem tiefsten Schlunde hervortönte, sodann Steine, größere und kleinere, zu Tausenden in die Luft geschleudert, von Aschenwolken eingehüllt. Der größte Teil fiel in den Schlund zurück. Die andern nach der Seite zu getriebenen Brocken, auf die Außenseite des Kegels niederfallend, machten ein wunderbares Geräusch; erst plumpten die schwereren und hupften mit dumpfem Getön an die Kegelseite hinab, die geringeren klapperten hinterdrein, und zuletzt rieselte die Asche nieder. Dieses alles geschah in regelmäßigen Pausen, die wir durch ein ruhiges Zählen sehr wohl abmessen konnten.

Zwischen der Somma und dem Kegelberge ward aber der Raum enge genug; schon fielen mehrere Steine um uns her und machten den Umgang unerfreulich. Tischbein fühlte sich nunmehr auf dem Berge noch verdrießlicher, da dieses Ungetüm, nicht zufrieden häßlich zu sein, auch noch gefährlich werden wollte.

Wie aber durchaus eine gegenwärtige Gefahr etwas Reizendes hat und den Widerspruchsgeist im Menschen auffordert, ihr zu trotzen, so bedachte ich, daß es möglich sein müsse, in der Zwischenzeit von zwei Eruptionen den Kegelberg hinauf an den Schlund zu gelangen und auch in diesem Zeitraum den Rückweg zu gewinnen. Ich ratschlagte hierüber mit den Führern unter einem überhängenden Felsen der Somma, wo wir, in Sicherheit gelagert, uns an den mitgebrachten Vorräten erquickten. Der jüngere getraute sich, das Wagestück mit mir zu bestehen; unsere Hutköpfe fütterten wir mit leinenen und seidenen Tüchern, wir stellten uns bereit, die Stäbe in der Hand, ich seinen Gürtel fassend.

Noch klapperten die kleinen Steine um uns herum, noch rieselte die Asche, als der rüstige Jüngling mich schon über das glühende Gerölle hinaufriß. Hier standen wir an dem ungeheuren Rachen, dessen Rauch eine leise Luft von uns ablenkte, aber zugleich das Innere des Schlundes verhüllte, der ringsum aus tausend Ritzen dampfte. Durch einen Zwischenraum des Qualmes erblickte man hie und da geborstene Felsenwände. Der Anblick war weder unterrichtend noch erfreulich; aber eben deswegen, weil man nichts sah, verweilte man, um etwas herauszusehen. Das ruhige Zählen war versäumt; wir standen auf einem scharfen Rande vor dem ungeheuren Abgrund. Auf einmal erscholl der Donner, die furchtbare Ladung flog an uns vorbei; wir duckten uns unwillkürlich, als wenn uns das vor den niederstürzenden Massen gerettet hätte; die kleineren Steine klapperten schon, und wir, ohne zu bedenken, daß wir abermals eine Pause vor uns hatten, froh, die Gefahr überstanden zu haben, kamen mit der noch rieselnden Asche am Fuße des Kegels an, Hüte und Schultern genugsam eingeäschert.

Neapel, den 11. März.

Mit Tischbein fuhr ich nach Pompeji, da wir denn alle die herrlichen Ansichten links und rechts neben uns liegen sahen, welche, durch so manche landschaftliche Zeichnung uns wohl bekannt, nunmehr in ihrem zusammenhängenden Glanze erschienen. Pompeji setzt jedermann wegen seiner Enge und Kleinheit in Verwunderung. Schmale Straßen, obgleich grade und an der Seite mit Schrittplatten versehen, kleine Häuser ohne Fenster, aus den Höfen und offenen Galerieen die Zimmer nur durch die Türen erleuchtet. Selbst öffentliche Werke, die Bank am Tor, der Tempel, sodann auch eine Villa in der Nähe, mehr Modell und Puppenschrank als Gebäude. Diese Zimmer, Gänge und Galerieen aber aufs heiterste gemalt, die Wandflächen einförmig, in der Mitte ein ausführliches Gemälde, jetzt meist ausgebrochen; an Kanten und Enden leichte und geschmackvolle Arabesken, aus welchen sich auch wohl niedliche Kinder- und Nymphengestalten entwickeln, wenn an einer andern Stelle aus mächtigen Blumengewinden wilde und zahme Tiere hervordringen. Und so deutet der jetzige ganz wüste Zustand einer erst durch Stein- und Aschenregen bedeckten, dann aber durch die Ausgrabenden geplünderten Stadt auf eine Kunst- und Bilderlust eines ganzen Volkes, von der jetzt der eifrigste Liebhaber weder Begriff, noch Gefühl, noch Bedürfnis hat.

Bedenkt man die Entfernung dieses Orts vom Vesuv, so kann die bedeckende vulkanische Masse weder durch ein

Schleudern noch durch einen Windstoß hierher getrieben sein; man muß sich vielmehr vorstellen, daß diese Steine und Asche eine Zeit lang wolkenartig in der Luft geschwebt, bis sie endlich über diesem unglücklichen Orte niedergegangen.

Wenn man sich nun dieses Ereignis noch mehr versinnlichen will, so denke man sich allenfalls ein eingeschneites Bergdorf. Die Räume zwischen den Gebäuden, ja die zerdrückten Gebäude selbst wurden ausgefüllt, allein Mauerwerk mochte hie und da noch herausstehen, als früher oder später der Hügel zu Weinbergen und Gärten benutzt wurde. So hat nun gewiß mancher Eigentümer, auf seinem Anteil niedergrabend, eine bedeutende Vorlese gehalten. Mehrere Zimmer fand man leer und in der Ecke des einen einen Haufen Asche, der mancherlei kleines Hausgeräte und Kunstarbeiten versteckte.

Den wunderlichen, halb unangenehmen Eindruck dieser mumisierten Stadt wuschen wir wieder aus den Gemütern, als wir in der Laube zunächst des Meeres, in einem geringen Gasthof sitzend, ein frugales Mahl verzehrten und uns an der Himmelsbläue, an des Meeres Glanz und Licht ergötzten, in Hoffnung, wenn dieses Fleckchen mit Weinlaub bedeckt sein würde, uns hier wiederzusehen und uns zusammen zu ergötzen.

Neapel, den 12. März.

Heute schlich ich beobachtend, meiner Weise nach, durch die Stadt und notierte mir viele Punkte zu dereinstiger Schilderung derselben, davon ich leider gegenwärtig nichts mitteilen kann. Alles deutet dahin, daß ein glückliches, die ersten Bedürfnisse reichlich anbietendes Land auch Menschen von glücklichem Naturell erzeugt, die ohne Kümmernis erwarten können, der morgende Tag werde bringen, was der heutige gebracht, und deshalb sorgenlos dahin leben. Augenblickliche Befriedigung, mäßiger Genuß, vorübergehender Leiden, heiteres Dulden! Von dem letzteren ein artiges Beispiel.

Der Morgen war kalt und feuchtlich, es hatte wenig geregnet. Ich gelangte auf einen Platz, wo die großen Quadern des Pflasters reinlich gekehrt erschienen. Zu meiner großen Bewunderung sah ich auf diesem völlig ebenen gleichen Boden eine Anzahl zerlumpter Knaben im Kreise kauernd, die Hände gegen den Boden gewendet, als wenn sie sich wärmten. Erst hielt ich's für eine Posse; als ich aber ihre Mienen völlig ernsthaft und beruhigt sah, wie bei einem befriedigten Bedürfnis, so strengte ich meinen Scharfsinn möglichst an, er wollte mich aber nicht begünstigen. Ich mußte daher fragen, was denn diese Äffchen zu der sonderbaren Positur verleite und sie in diesen regelmäßigen Kreis versammle.

Hierauf erfuhr ich, daß ein anwohnender Schmied auf dieser Stelle eine Radschiene heiß gemacht, welches auf folgende Weise geschieht. Der eiserne Reif wird auf den Boden gelegt und auf ihn im Kreise so viel Eichenspäne gehäuft, als man nötig hält, ihn bis auf den erforderlichen Grad zu erweichen. Das entzündete Holz brennt ab, die Schiene wird ums Rad gelegt und die Asche sorgfältig weggekehrt. Die dem Pflaster mitgeteilte Wärme benutzen sogleich die kleinen Huronen und rühren sich nicht eher von der Stelle, als bis sie den letzten warmen Hauch ausgesogen haben. Beispiele solcher Genügsamkeit und aufmerksamen Benutzens dessen, was sonst verloren ginge, gibt es hier unzählige. Ich finde in diesem Volk die lebhafteste und geistreichste Industrie, nicht um reich zu werden, sondern um sorgenfrei zu leben.

Caserta, den 16. März.

Wenn man in Rom gern studieren mag, so will man hier nur leben; man vergißt sich und die Welt, und für mich ist es eine wunderliche Empfindung, nur mit genießenden Menschen umzugehen. Der Ritter Hamilton, der noch immer als englischer Gesandter hier lebt, hat nun nach so langer Kunstliebhaberei, nach so langem Naturstudium den Gipfel aller Natur- und Kunstfreude in einem schönen Mädchen gefunden. Er hat sie bei sich, eine Engländerin von etwa zwanzig Jahren. Sie ist sehr schön und wohlgebaut. Er hat ihr ein griechisch Gewand machen lassen, das sie trefflich kleidet; dazu löst sie ihre Haare auf, nimmt ein paar Shawls und macht eine Abwechslung von Stellungen, Gebärden, Mienen, usw., daß man zuletzt wirklich meint, man träume. Man schaut, was so viele tausend Künstler gerne geleistet hätten, hier ganz fertig in Bewegung und überraschender Abwechslung. Stehend, knieend, sitzend, liegend, ernst, traurig, neckisch, ausschweifend, bußfertig, lockend, drohend, ängstlich, usw. Eins folgt aufs andere und aus dem andern. Sie weiß, zu jedem Ausdruck die Falten des Schleiers zu wählen, zu wechseln, und macht sich hundert Arten von Kopfputz mit denselben Tüchern. Der alte Ritter hält das Licht dazu und hat mit ganzer Seele sich diesem Gegenstand ergeben. Er findet in ihr alle Antiken, alle schönen Profile der sizilianischen Münzen, ja den Belvedere'schen Apoll selbst. So viel ist gewiß, der Spaß ist einzig. Wir haben ihn schon zwei Abende genossen. Heute früh malt sie Tischbein.

Hamilton und seine Schöne setzten gegen mich ihre Freundlichkeit fort. Ich speiste bei ihnen, und Hamilton führte uns in sein Kunstgewölbe. Auffallend war mir ein aufrechtstehender, an der Vorderseite offener, inwendig schwarz angestrichener Kasten, von dem prächtigsten goldenen Rahmen eingefaßt. Der Raum groß genug, um eine stehende menschliche Figur aufzunehmen, und demgemäß erfuhren wir auch die Absicht. Der Kunstfreund, nicht zufrieden, das schöne Gebild als bewegliche Statue zu sehen, wollte sich auch an ihr, als an einem bunten unnachahmbaren Gemälde, ergötzen; und so hatte sie manchmal innerhalb dieses goldenen Rahmens, auf schwarzem Grund vielfarbig gekleidet, die antiken Gemälde von Pompeji und selbst neuere Meisterwerke nachgeahmt. Diese Epoche schien vorüber zu sein; auch war der Apparat schwer zu transportieren und ins rechte Licht zu setzen; uns konnte also ein solches Schauspiel nicht zu teil werden.

Darf ich mir eine Bemerkung erlauben, die freilich ein wohlbehandelter Gast nicht wagen sollte, so muß ich gestehen, daß mir unsere schöne Unterhaltende doch eigentlich als ein geistloses Wesen vorkommt, die wohl mit ihrer Gestalt bezahlen, aber durch keinen seelenvollen Ausdruck der Stimme, der Sprache sich geltend machen kann. Schon ihr Gesang ist nicht von zusagender Fülle.

Neapel, den 23. März.

Auf dem zweirädrigen leichten Fuhrwerk sitzend und wechselsweise die Zügel führend, einen gutmütigen rohen Knaben hintenauf, rollten wir durch die herrliche Gegend. Das Land ward immer flacher und wüster, wenige Gebäude deuteten auf kärgliche Landwirtschaft. Endlich, ungewiß, ob wir durch Felsen oder Trümmer führen, konnten wir einige große, länglich-viereckige Massen, die wir in der Ferne schon bemerkt hatten, als überbliebene Tempel und Denkmale einer ehemals so prächtigen Stadt unterscheiden. Von einem Landmanne ließ ich mich in den Gebäuden herumführen; der erste Eindruck konnte nur

Erstaunen erregen. Ich befand mich in einer völlig fremden Welt. Doch nahm ich mich bald zusammen, erinnerte mich der Kunstgeschichte, gedachte der Zeit, deren Geist solche Bauart gemäß fand, vergegenwärtigte mir den strengen Stil der Plastik, und in weniger als einer Stunde fühlte ich mich befreundet, ja ich pries den Genius, daß er mich diese so wohl erhaltenen Reste mit Augen sehen ließ, da sich von ihnen durch Abbildung kein Begriff geben läßt. Leider war keine Gelegenheit, hier zu übernachten; wir kehrten nach Salerno zurück, und den andern Morgen ging es zeitig nach Neapel. Der Vesuv, von der Rückseite gesehen, in der fruchtbarsten Gegend; Pappeln, pyramidalkolossal, an der Chaussee im Vordergrunde. Dies war auch ein angenehmes Bild, das wir durch ein kurzes Stillhalten erwarben. Nun erreichten wir eine Höhe; der größte Anblick tat sich vor uns auf. Neapel in seiner Herrlichkeit, die meilenlange Reihe von Häusern am flachen Ufer des Golfs hin, die Vorgebirge, Erdzungen, Felswände, dann die Inseln und dahinter das Meer war ein entzückender Anblick.

Ein gräßlicher Gesang, vielmehr Lustgeschrei und Freudegeheul des hinten aufstehenden Knaben erschreckte und störte mich. Heftig fuhr ich ihn an, er hatte noch kein böses Wort von uns gehört, er war der gutmütigste Junge. Eine Weile rührte er sich nicht, dann klopfte er mir sachte auf die Schulter, streckte seinen rechten Arm mit aufgehobenem Zeigefinger zwischen uns durch und sagte: "Signor perdonate! questa è la mia patria!" Das heißt verdolmetscht: „Herr, verzeiht! Ist das doch mein Vaterland!" Und so war ich zum zweitenmale überrascht. Mir armem Nordländer kam etwas Tränenartiges in die Augen.

VI. SICILY.

Seefahrt, den 29. März–1. April.

Nicht, wie bei dem letzten Abgange des Paketboots, wehte diesmal ein förderlicher frischer Nordost, sondern leider von der Gegenseite ein lauer Südwest, der allerhinderlichste; und so erfuhren wir denn, wie der Seefahrer vom Eigensinne des Wetters und Windes abhängt. Ungeduldig verbrachten wir den Morgen bald am Ufer, bald im Kaffeehaus; endlich bestiegen wir zu Mittag das Schiff und genossen beim schönsten Wetter des herrlichsten Anblicks. Erst mit Sonnenuntergang bewegte sich das Schiff, jedoch nur langsam, von der Stelle; der Widerwind schob uns nach dem Posilipo und dessen Spitze hinüber. Die ganze Nacht ging das Schiff ruhig fort. Es war in Amerika gebaut, schnellsegelnd, inwendig mit artigen Kämmerchen und einzelnen Lagerstätten eingerichtet.

Bei Tagesanbruch fanden wir uns zwischen Ischia und Capri, ungefähr von letzterem eine Meile. Die Sonne ging hinter den Gebirgen von Capri und Capo Minerva herrlich auf. Kniep zeichnete fleißig die Umrisse der Küsten und Inseln und ihre verschiedenen Ansichten; die langsame Fahrt kam seiner Bemühung zu statten. Wir setzen mit schwachem und halbem Winde unsern Weg fort. Der Vesuv verlor sich gegen vier Uhr aus unsern Augen, als Capo Minerva und Ischia noch gesehen wurden. Auch diese verloren sich gegen Abend. Die Sonne ging unter ins Meer, begleitet von Wolken und einem langen, meilenweit reichenden Streifen; alles purpurglänzende Lichter. Nun war kein Land mehr zu sehen, der Horizont ringsum ein Wasserkreis, die Nacht hell und schöner Mondschein.

Um drei Uhr morgens heftiger Sturm. Die Segel mußten eingenommen werden, das Schiff schwebte auf den hohen Fluten. Gegen Anbruch des Tages legte sich der Sturm, die Atmosphäre klärte sich auf. Nun lag die Insel Ustica völlig links. Eine große Schildkröte zeigte man uns in der Weite schwimmend, durch unsere Fernröhre als ein lebendiger Punkt wohl zu erkennen. Gegen Mittag konnten wir die Küste Siziliens mit ihren Vorgebirgen und Buchten ganz deutlich unterscheiden; aber wir waren sehr unter den Wind gekommen, wir lavierten an und ab. Gegen Nachmittag waren wir dem Ufer näher. Die westliche Küste sahen wir ganz deutlich bei heiterem Wetter und hellscheinender Sonne.

Eine Gesellschaft von Delphinen begleitete das Schiff an beiden Seiten des Vorderteils und schossen immer voraus. Es war lustig anzusehen, wie sie bald, von den klaren durchscheinenden Wellen überdeckt, hinschwammen, bald mit ihren Rückenstacheln, Floßfedern und grün- und goldspielenden Seiten sich über dem Wasser springend bewegten.

Palermo, den 2. April.

Endlich gelangten wir mit Not und Anstrengung nachmittags um drei Uhr in den Hafen, wo uns ein höchst erfreulicher Anblick entgegen trat. Völlig hergestellt wie ich war, empfand ich das größte Vergnügen. Die Stadt gegen Norden gekehrt, am Fuß hoher Berge liegend; über ihr der Tageszeit gemäß die Sonne herüberscheinend. Die klaren Schattenseiten aller Gebäude sahen uns an, vom Widerschein erleuchtet. Monte Pellegrino rechts, seine zierlichen Formen im vollkommensten Lichte, links das weit hingestreckte Ufer mit Buchten, Landzungen und Vorgebirgen. Was ferner eine allerliebste Wirkung hervorbrachte, war das junge Grün zierlicher Bäume, deren Gipfel, von hinten erleuchtet, wie große Massen vegetabilischer Johanniswürmer vor den dunklen Gebäuden hin und wieder wogten. Ein klarer Duft blaute alle Schatten.

Anstatt ungeduldig ans Ufer zu eilen, blieben wir auf dem Verdeck, bis man uns wegtrieb; wo hätten wir einen gleichen Standpunkt, einen so glücklichen Augenblick so bald wieder hoffen können!

Durch die wunderbare, aus zwei ungeheuren Pfeilern bestehende Pforte (die oben nicht geschlossen sein darf, damit der turmhohe Wagen der heiligen Rosalie an dem berühmten Feste durchfahren könne), führte man uns in die Stadt und sogleich links in einen großen Gasthof. Der Wirt, ein alter, behaglicher Mann, von je her Fremde aller Nationen zu sehen gewohnt, führte uns in ein großes Zimmer, von dessen Balkon wir das Meer und die Reede, den Rosalienberg und das Ufer überschauten, auch unser Schiff erblickten und unsern ersten Standpunkt beurteilen konnten. Über die Lage unseres Zimmers höchst vergnügt, bemerkten wir kaum, daß im Grunde desselben ein erhöhter Alkoven hinter Vorhängen versteckt sei, wo sich das weitläufigste Bett ausbreitete, das, mit einem seidenen Thronhimmel prangend, mit den übrigen veralteten stattlichen Möbeln völlig übereinstimmte. Ein solches Prunkgemach setzte uns gewissermaßen in Verlegenheit; wir verlangten herkömmlicherweise, Bedingungen abzuschließen. Der Alte sagte dagegen, es bedürfe keiner Bedingung; er wünsche, daß es uns bei ihm wohl gefalle.

Palermo, den 5. April.

Gegen Abend machte ich eine heitere Bekanntschaft, indem ich auf der langen Straße bei einem kleinen Handelsmanne eintrat, um verschiedene Kleinigkeiten einzukaufen. Als ich vor dem Laden stand, die Ware zu besehen, erhob sich ein geringer Luftstoß, welcher, längs der Straße herwirbelnd, einen unendlichen erregten Staub in alle Buden und Fenster sogleich verteilte. „Bei allen Heiligen! sagt mir," rief ich aus, „woher kommt die Unreinlichkeit eurer Stadt? und ist derselben denn nicht abzuhelfen? Diese Straße wetteifert an Länge und Schönheit mit dem Korso zu Rom. An beiden Seiten Schrittsteine, die jeder Laden- und Werkstattbesitzer mit unablässigem Kehren reinlich hält, indem er alles in die Mitte hinunterschiebt, welche dadurch nur immer unreinlicher wird und euch mit jedem Windshauch den Unrat zurücksendet, den ihr der Hauptstraße zugewiesen habt. In Neapel tragen geschäftige Esel jeden Tag das Kehricht nach Gärten und Feldern; sollte denn bei euch nicht irgend eine ähnliche Einrichtung entstehen oder getroffen werden?"

„Es ist bei uns nun einmal, wie es ist," versetzte der Mann; „was wir aus dem Hause werfen, verfault gleich vor der Tür. Ihr seht hier Schichten von Stroh und Rohr, von Küchenabgängen und allerlei Unrat; das trocknet zusammen auf und kehrt als Staub zu uns zurück. Gegen den wehren wir uns den ganzen Tag. Aber seht, unsere schönen, geschäftigen, niedlichen Besen vermehren, zuletzt abgestumpft, nur den Unrat vor unsern Häusern."

Und, lustig genommen, war es wirklich so. Sie haben niedliche Beschen von Zwergpalmen, die man mit weniger Abänderung zum Fächerdienst eignen könnte; sie schleifen sich leicht ab, und die stumpfen liegen zu Tausenden in der Straße. Auf meine wiederholte Frage, ob dagegen keine Anstalt zu treffen sei, erwiderte er, die Rede gehe im Volke, daß gerade die, welche für Reinlichkeit zu sorgen hätten, wegen ihres großen Einflusses nicht genötigt werden könnten, die Gelder pflichtmäßig zu verwenden; und dabei sei noch der wunderliche Umstand, daß man fürchte, nach weggeschafftem Geströhde werde erst deutlich zum Vorschein kommen, wie schlecht das Pflaster darunter beschaffen sei;

wodurch denn abermals die unredliche Verwaltung einer andern Kasse zu Tage kommen würde. Das alles aber sei, setzte er mit possierlichem Ausdruck hinzu, nur Auslegung von Übelgesinnten; er aber sei von der Meinung derjenigen, welche behaupten, der Adel erhalte diese weiche Unterlage, damit sie des Abends ihre herkömmliche Lustfahrt auf elastischem Boden bequem vollbringen könnten. Und da der Mann einmal im Zuge war, bescherzte er noch mehrere Polizeimißbräuche, mir zu tröstlichem Beweis, daß der Mensch noch immer Humor genug hat, sich über das Unabwendbare lustig zu machen.

Palermo, den 6. April.

Die heilige Rosalie, Schutzpatronin von Palermo, ist durch die Beschreibung, welche Brydone von ihrem Feste gegeben hat, so allgemein bekannt geworden, daß es den Freunden gewiß angenehm sein muß, etwas von dem Orte und der Stelle, wo sie besonders verehrt wird, zu lesen.

Der Monte Pellegrino, eine große Felsenmasse breiter als hoch, liegt an dem nordwestlichen Ende des Golfs von Palermo. Seine schöne Form läßt sich mit Worten nicht beschreiben. Die Felsen sind ganz nackt; kein Baum, kein Strauch wächst auf ihnen, kaum daß die flachliegenden Teile mit etwas Rasen und Moos bedeckt sind.

In einer Höhle dieses Berges entdeckte man zu Anfang des vorigen Jahrhunderts die Gebeine der Heiligen und brachte sie nach Palermo. Ihre Gegenwart befreite die Stadt von der Pest, und Rosalie war seit diesem Augenblicke die Schutzheilige des Volks; man baute ihr Kapellen und stellte ihr zu Ehren glänzende Feierlichkeiten an. Die Andächtigen wallfahrteten fleißig auf den Berg, und man erbaute mit großen Kosten einen Weg, der, wie eine Wasserleitung, auf Pfeilern und Bogen ruht und in einem Zickzack zwischen zwei Klippen hinaufsteigt.

Wenn man den Berg erstiegen hat, wendet man sich um eine Felsenecke, wo man einer steilen Felswand nah gegenübersteht, an welcher die Kirche und das Kloster gleichsam festgebaut sind. Die Außenseite der Kirche hat nichts Einladendes noch Versprechendes; man eröffnet die Türe ohne Erwartung, wird aber auf das wunderbarste überrascht, indem man hineintritt. Man befindet sich unter einer Halle, welche in der Breite der Kirche hinläuft und gegen das Schiff zu offen ist. Man sieht in derselben die gewöhnlichen Gefäße mit Weihwasser und einige Beichtstühle. Das Schiff der Kirche ist ein offener Hof, der an der rechten Seite von rauhen Felsen, auf der linken von einer Kontinuation der Halle zugeschlossen wird. Er ist mit Steinplatten etwas abhängig belegt, damit das Regenwasser ablaufen kann; ein kleiner Brunnen steht ungefähr in der Mitte. Die Höhle selbst ist zum Chor umgebildet, ohne daß man ihr von ihrer natürlichen rauhen Gestalt etwas genommen hätte. Einige Stufen führen hinauf. Alles wird von dem aus dem Hofe oder Schiff einfallenden

Tageslicht erleuchtet. Tief hinten in dem Dunkel der Höhle steht der Hauptaltar in der Mitte.

Man hat, wie schon gesagt, an der Höhle nichts verändert; allein da die Felsen immer von Wasser träufeln, war es nötig, den Ort trocken zu halten. Man hat dieses durch bleierne Rinnen bewirkt, welche man an den Kanten der Felsen hergeführt und mit einander verbunden hat. Da sie oben breit sind und unten spitz zulaufen, auch mit einer schmutzig-grünen Farbe angestrichen sind, so sieht es fast aus, als wenn die Höhle inwendig mit großen Kaktusarten bewachsen wäre. Das Wasser wird teils seitwärts, teils hinten in einen klaren Behälter geleitet, woraus es die Gläubigen schöpfen und gegen allerlei Übel gebrauchen.

Da ich diese Gegenstände genau betrachtete, trat ein Geistlicher zu mir und fragte mich, ob ich etwa ein Genueser sei und einige Messen wollte lesen lassen. Ich versetzte ihm darauf, ich sei mit einem Genueser nach Palermo gekommen, welcher morgen, als an einem Festtage, heraufsteigen würde. Da immer einer von uns zu Hause bleiben müßte, wäre ich heute herauf gegangen, mich umzusehen. Er versetzte darauf, ich möchte mich aller Freiheit bedienen, alles wohl betrachten und meine Devotion verrichten. Besonders wies er mich an einen Altar, der links in der Höhle stand, als ein besonderes Heiligtum, und verließ mich.

Ich sah durch die Öffnungen eines großen, aus Messing getriebenen Laubwerks Lampen unter dem Altar hervorschimmern, kniete ganz nahe davor hin und blickte durch die Öffnungen. Es war inwendig noch ein Gitterwerk von feinem geflochtenem Messingdraht vorgezogen, so daß man nur wie durch einen Flor den Gegenstand dahinter unterscheiden konnte. Eine schöne Frau erblickt' ich bei dem Schein einiger stillen Lampen. Sie lag wie in einer Art von Entzückung, die Augen halb geschlossen, den Kopf nachlässig auf die rechte Hand gelegt, die mit vielen Ringen geschmückt war. Ich konnte das Bild nicht genug betrachten; es schien mir ganz besondere Reize zu haben. Ihr Gewand ist aus einem vergoldeten Blech getrieben, welches einen reich von Gold gewirkten Stoff gar gut nachahmt. Kopf und Hände von weißem Marmor sind, ich darf nicht sagen, in einem hohen Stil, aber doch so natürlich und gefällig gearbeitet, daß man glaubt, sie müßte Atem holen und sich bewegen. Ein kleiner Engel steht neben ihr und scheint ihr mit einem Lilienstengel Kühlung zuzuwehen.

Unterdessen waren die Geistlichen in die Höhle gekommen, hatten sich auf ihre Stühle gesetzt und sangen die Vesper. Ich setzte mich an eine Bank dem Altar gegenüber und hörte ihnen eine Weile zu; alsdann begab ich mich wieder zum Altare, kniete nieder und suchte das schöne Bild der Heiligen noch deutlicher gewahr zu werden. Ich überließ mich ganz der reizenden Illusion der Gestalt und des Ortes.

Der Gesang der Geistlichen verklang nun in der Höhle, das Wasser rieselte in das Behältnis gleich neben dem Altare zusammen, die überhangenden Felsen des Vorhofs, des eigentlichen Schiffs der Kirche, schlossen die Szene noch mehr ein. Es war eine große Stille in dieser gleichsam wieder ausgestorbenen Wüste, eine große Reinlichkeit in einer wilden Höhle; die Illusion, welche die Gestalt der schönen Schläferin hervorbrachte, auch einem geübten Auge noch reizend. Genug, ich konnte mich nur mit Schwierigkeit von diesem Orte losreißen und kam erst in später Nacht wieder in Palermo an.

Palermo, den 8. April. Ostersonntag.

Nun aber ging die lärmvolle Freude über die glückliche Auferstehung des Herrn mit Tagesanbruch los. Petarden, Lauffeuer, Schläge, Schwärmer und dergleichen wurden kastenweise vor den Kirchtüren losgebrannt, indessen die Gläubigen sich zu den eröffneten Flügelpforten drängten. Glocken- und Orgelschall, Chorgesang der Prozessionen und der ihnen entgegnenden geistlichen Chöre konnten wirklich das Ohr derjenigen verwirren, die an eine so lärmende Gottesverehrung nicht gewöhnt waren.

Die frühe Messe war kaum geendigt, als zwei wohlgeputzte Läufer des Vicekönigs unsern Gasthof besuchten, in der doppelten Absicht, einmal den sämtlichen Fremden zum Feste zu gratulieren und dagegen ein Trinkgeld einzunehmen, mich sodann zur Tafel zu laden, weshalb meine Gabe etwas erhöht werden mußte.

Nachdem ich den Morgen zugebracht, die verschiedenen Kirchen zu besuchen und die Volksgesichter und -Gestalten zu betrachten, fuhr ich zum Palast des Vicekönigs, welcher am obern Ende der Stadt liegt. Weil ich etwas zu früh gekommen, fand ich die großen Säle noch leer, nur ein kleiner munterer Mann ging auf mich zu, den ich sogleich für einen Malteser erkannte.

Als er vernahm, daß ich ein Deutscher sei, fragte er, ob ich ihm Nachricht von Erfurt zu geben wisse; er habe daselbst einige Zeit sehr angenehm zugebracht. Mit bedenklichem Anteil erkundigte er sich nach Weimar. „Wie steht es denn," sagte er, „mit dem Manne, der zu meiner Zeit, jung und lebhaft, daselbst Regen und schönes Wetter machte? Ich habe seinen Namen vergessen; genug aber, es ist der Verfasser des ‚Werthers.'" Nach einer kleinen Pause, als wenn ich mich bedächte, erwiderte ich: „Die Person, nach der Ihr Euch gefällig erkundigt, bin ich selbst." Mit dem sichtbarsten Zeichen des Erstaunens fuhr er zurück und rief aus: „Da muß sich viel verändert haben!" „O ja!" versetzte ich; „zwischen Weimar und Palermo hab' ich manche Veränderung gehabt."

In dem Augenblick trat mit seinem Gefolge der Vicekönig herein und betrug sich mit anständiger Freimütigkeit, wie es einem solchen Herrn geziemt. Er enthielt sich jedoch nicht des Lächelns über den Malteser, welcher seine Verwunderung, mich hier zu sehen, auszudrücken fortfuhr. Bei Tafel sprach der Vicekönig, neben dem ich saß, über die Absicht meiner Reise und versicherte, daß er Befehl geben wolle, mich in Palermo alles sehen zu lassen und mich auf meinem Wege durch Sizilien auf alle Weise zu fördern.

Palermo, den 12. April.

Heute am Abend ward mir noch ein Wunsch erfüllt und zwar auf eigene Weise. Ich stand in der großen Straße auf den Schrittsteinen, an einem Laden mit dem Kaufherrn scherzend; auf einmal tritt ein Läufer, groß, wohlgekleidet, an mich heran, einen silbernen Teller rasch vorhaltend, worauf mehrere Kupferpfennige, wenige Silberstücke lagen. Da ich nicht wußte, was es heißen solle, so zuckte ich, den Kopf duckend, die Achseln, das gewöhnliche Zeichen, wodurch man sich lossagt, man mag nun Antrag oder Frage nicht verstehen oder nicht wollen. Eben so schnell als er gekommen, war er fort, und nun bemerkte ich auf der entgegengesetzten Seite der Straße seinen Kameraden in gleicher Beschäftigung.

Was das bedeute, fragte ich den Handelsmann, der mit bedenklicher Gebärde, gleichsam verstohlen, auf einen langen hagern Herrn deutete, welcher in der Straßenmitte, hofmäßig gekleidet, anständig und gelassen über den Mist einherschritt. Frisiert und gepudert, den Hut unterm Arm, in seidenem Gewande, den Degen an der Seite, ein nettes Fußwerk mit Steinschnallen geziert, so trat der Bejahrte ernst und ruhig einher; aller Augen waren auf ihn gerichtet.

„Dies ist der Prinz Pallagonia," sagte der Händler,

„welcher von Zeit zu Zeit durch die Stadt geht und für die in der Barbarei gefangenen Sklaven ein Lösegeld zusammenheischt. Zwar beträgt dieses Einsammeln niemals viel, aber der Gegenstand bleibt doch im Andenken, und oft vermachen diejenigen, welche bei Lebzeiten zurückhielten, schöne Summen zu solchem Zweck. Schon viele Jahre ist der Prinz Vorsteher dieser Anstalt und hat unendlich viel Gutes gestiftet."

„Statt auf die Torheiten seines Landsitzes," rief ich aus, „hätte er hierher jene großen Summen verwenden sollen. Kein Fürst in der Welt hätte mehr geleistet."

Dagegen sagte der Kaufmann: „Sind wir doch alle so! Unsere Narrheiten bezahlen wir gar gerne selbst; zu unsern Tugenden sollen andere das Geld hergeben."

Palermo, den 14. April.

Und so sollte mir denn kurz vor dem Schlusse ein sonderbares Abenteuer beschert sein, wovon ich sogleich umständliche Nachricht erteile.

Schon die ganze Zeit meines Aufenthalts hörte ich an unserm öffentlichen Tische manches über Cagliostro, dessen Herkunft und Schicksale reden. Die Palermitaner waren darin einig, daß ein gewisser Joseph Balsamo, in ihrer Stadt geboren, wegen mancherlei schlechter Streiche berüchtigt und verbannt sei; ob aber dieser mit dem Grafen Cagliostro nur *eine* Person sei, darüber waren die Meinungen geteilt. Einige, die ihn ehemals gesehen hatten, wollten seine Gestalt in jenem Kupferstiche wiederfinden, der bei uns bekannt genug ist und auch nach Palermo gekommen war. Unter solchen Gesprächen berief sich einer der Gäste auf die Bemühungen, welche ein palermitanischer Rechtsgelehrter übernommen, diese Sache ins klare zu bringen. Ich äußerte den Wunsch, diesen Rechtsgelehrten, von welchem außerdem viel Gutes gesprochen wurde, kennen zu lernen, und der Erzähler erbot sich, mich bei ihm anzumelden und zu ihm zu führen.

Nach einigen Tagen gingen wir hin und fanden ihn mit seinen Klienten beschäftigt. Als er diese abgefertigt, brachte er ein Manuskript hervor, welches den Stammbaum Cagliostros enthielt. Als ich so manche Personen, besonders Mutter und Schwester, noch als lebend angegeben fand, bezeigte ich ihm meinen Wunsch, die Verwandten eines so sonderbaren Menschen kennen zu lernen. Er versetzte, daß es schwer sein werde, dazu zu gelangen, indem diese Menschen, arm, aber ehrbar, sehr eingezogen lebten und keine Fremden zu sehen gewohnt seien; doch er wolle mir seinen Schreiber schicken, der bei der Familie Zutritt habe.

Den folgenden Tag erschien der Schreiber und äußerte wegen des Unternehmens einige Bedenklichkeiten. Da ich aber von meinem Vorsatz nicht abging, wurden wir nach einiger Überlegung dahin einig, daß ich mich für einen Engländer ausgeben und der Familie Nachrichten von Cagliostro bringen sollte, der eben aus der Gefangenschaft der Bastille nach London gegangen war.

Zur gesetzten Stunde, es mochte etwa drei Uhr nach Mittag sein, machten wir uns auf den Weg. Das Haus lag in dem Winkel eines Gäßchens, nicht weit von der Hauptstraße. Wir stiegen eine elende Treppe hinauf und kamen sogleich in die Küche. Eine Frau von mittlerer Größe, stark und breit, ohne fett zu sein, war beschäftigt, das Küchengeschirr aufzuwaschen. Sie war reinlich gekleidet und schlug, als wir hineintraten, das Ende der Schürze hinauf, um vor uns die schmutzige Seite zu verstecken. Sie sah meinen Führer freudig an und sagte: „Signor Giovanni, bringen Sie uns gute Nachrichten? haben Sie etwas ausgerichtet?"

Er versetzte: „In unserer Sache hat mir's noch nicht gelingen wollen; hier ist aber ein Fremder, der einen Gruß von Ihrem Bruder bringt und Ihnen erzählen kann, wie er sich gegenwärtig befindet."

Der Gruß, den ich bringen sollte, war nicht ganz in unserer Abrede; indessen war die Einleitung einmal gemacht. „Sie kennen meinen Bruder?" fragte sie. „Es kennt ihn ganz Europa," versetzte ich, „und ich glaube, es wird Ihnen angenehm sein, zu hören, daß er sich in Sicherheit und wohl befindet, da Sie bisher wegen seines Schicksals gewiß in Sorgen gewesen sind." „Treten Sie hinein!" sagte sie, „ich folge Ihnen gleich." Und ich trat mit dem Schreiber in das Zimmer.

Es war so groß und hoch, daß es bei uns für einen Saal gelten würde; es schien aber auch beinahe die ganze Wohnung der Familie zu sein. Ein einziges Fenster erleuchtete die großen Wände, die einmal Farbe gehabt hatten und auf denen schwarze Heiligenbilder in goldenen Rahmen herumhingen. Zwei große Betten ohne Vorhänge standen an der einen Wand, ein braunes Schränkchen, das die Gestalt eines Schreibtisches hatte, an der andern. Alte, mit Rohr durchflochtene Stühle, deren Lehnen ehemals vergoldet gewesen, standen daneben, und die Backsteine des Fußbodens waren an vielen Stellen tief ausgetreten. Übrigens war alles reinlich, und wir näherten uns der Familie, die am andern Ende des Zimmers an dem einzigen Fenster versammelt war.

Indem mein Führer der alten Balsamo, die in der Ecke saß, die Ursache unseres Besuchs erklärte und seine Worte wegen der Taubheit der guten Alten mehrmals laut wiederholte, hatte ich Zeit, das Zimmer und die übrigen Personen anzusehen. Ich betrachtete die alte Frau mit Vergnügen. Sie war von mittlerer Größe, aber wohlgebildet; über ihre regelmäßigen Gesichtszüge, die das Alter nicht entstellt hatte, war der Friede verbreitet, dessen gewöhnlich die Menschen genießen, die des Gehörs beraubt sind; der Ton ihrer Stimme war sanft und angenehm. Ich erzählte ihr, daß ihr Sohn in Frankreich losgesprochen worden und sich gegenwärtig in England befinde, wo er wohl aufgenommen sei. Ihre Freude, die sie über diese Nachrichten äußerte, war mit Ausdrücken einer herzlichen Frömmigkeit begleitet.

Die jungen Leute mischten sich auch ins Gespräch, und

die Unterhaltung wurde lebhafter. Indem ich mit den andern sprach, hörte ich, daß die Alte ihre Tochter fragte, ob ich denn auch wohl ihrer heiligen Religion zugetan sei. Ich konnte bemerken, daß die Tochter auf eine kluge Weise der Antwort auszuweichen suchte, indem sie, so viel ich verstand, der Mutter bedeutete, daß es sich wohl nicht schicke, jemanden sogleich über diesen Punkt zu befragen.

Mein Begleiter, der schon lange Lust gehabt hatte, sich zu entfernen, machte endlich der Unterredung durch seine Gebärden ein Ende, und ich versprach, den andern Tag gegen Abend wiederzukommen und einen Brief abzuholen. Mein Begleiter freute sich, daß alles so glücklich gelungen sei, und wir schieden zufrieden von einander. Meine Absicht hatte ich erreicht, und es blieb mir nur noch übrig, dieses Abenteuer auf eine schickliche Weise zu endigen. Ich begab mich daher des andern Tags gleich nach Tische allein in ihre Wohnung. Sie verwunderten sich, da ich hineintrat. Der Brief sei noch nicht fertig, sagten sie, und einige ihrer Verwandten wünschten mich auch kennen zu lernen, welche sich gegen Abend einfinden würden. Ich versetzte, daß ich morgen früh schon abreisen müsse, daß ich noch Visiten zu machen, auch einzupacken habe und also lieber früher als gar nicht hätte kommen wollen.

Indessen trat der Sohn herein, den ich des Tags vorher nicht gesehen hatte. Er glich seiner Schwester an Wuchs und Bildung. Er brachte den Brief, den man mir mitgeben wollte, den er, wie es in jenen Gegenden gewöhnlich ist, außer dem Hause bei einem der öffentlich sitzenden Notarien hatte schreiben lassen. Indessen hatte die Großmutter den Brief gelesen und wieder gelesen. Da sie hörte, daß ich Abschied nehmen wollte, stand sie auf und übergab mir das zusammengefaltete Papier. „Sagen Sie meinem Sohn," fing sie mit einer edeln Lebhaftigkeit, ja einer Art von Begeisterung an, „sagen Sie meinem Sohn, wie glücklich mich die Nachricht gemacht hat, die Sie mir von ihm gebracht haben; sagen Sie ihm, daß ich ihn so an mein Herz schließe" — hier streckte sie die Arme aus einander und drückte sie wieder auf ihrer Brust zusammen — „daß ich täglich Gott und unsere heilige Jungfrau für ihn im Gebet anflehe, daß ich ihm und seiner Frau meinen Segen gebe und daß ich nur wünsche, ihn vor meinem Ende noch einmal mit diesen Augen zu sehen, die so viele Tränen über ihn vergossen haben."

Die eigne Zierlichkeit der italienischen Sprache begünstigte die Wahl und die edle Stellung dieser Worte, welche noch überdies von lebhaften Gebärden begleitet wurden, womit jene Nation über ihre Äußerungen einen unglaublichen Reiz zu verbreiten gewohnt ist.

Ich nahm nicht ohne Rührung von ihnen Abschied. Sie reichten mir alle die Hände: die Kinder geleiteten mich hinaus, und indem ich die Treppe hinunterging, sprangen sie auf den Balkon des Fensters, das aus der Küche auf die Straße ging, riefen mir nach, winkten mir Grüße zu und wiederholten, daß ich ja nicht vergessen möchte, wiederzukommen. Ich sah sie noch auf dem Balkon stehen, als ich um die Ecke herumging.

Girgenti, den 24. April.

Ein so herrlicher Frühlingsblick, wie der heutige bei aufgehender Sonne, ward uns freilich nie durchs ganze Leben. Auf dem hohen, uralten Burgraume liegt das neue Girgenti in einem Umfang groß genug, um Einwohner zu fassen. Aus unsern Fenstern erblicken wir den weiten und breiten sanften Abhang der ehemaligen Stadt, ganz von Gärten und Weinbergen bedeckt, unter deren Grün man kaum eine Spur ehemaliger großer bevölkerter Stadtquartiere vermuten dürfte. Nur gegen das südliche Ende dieser grünenden und blühenden Fläche sieht man den Tempel der Concordia hervorragen, in Osten die wenigen Trümmer des Junotempels; die übrigen, mit den genannten in gerader Linie gelegenen Trümmer anderer heiligen Gebäude bemerkt das Auge nicht von oben, sondern eilt weiter südwärts nach der Strandfläche, die sich noch eine halbe Stunde bis gegen das Meer erstreckt.

Da es hier keine Gasthöfe gibt, so hatte uns eine freundliche Familie Platz gemacht und einen erhöhten Alkoven an einem großen Zimmer eingeräumt. Ein grüner Vorhang trennte uns und unser Gepäck von den Hausgliedern, welche in dem großen Zimmer Nudeln fabrizierten, und zwar von den feinsten, weißesten und kleinsten Sorte, davon diejenigen am teuersten bezahlt werden, die, nachdem sie erst in die Gestalt von langen Stiften gebracht sind, noch von spitzen Mädchenfingern einmal in sich selbst gedreht, eine schneckenhafte Gestalt annehmen. Wir setzten uns zu den hübschen Kindern, ließen uns die Behandlung erklären und vernahmen, daß sie aus dem besten und schwersten Weizen fabriziert würden. Dabei kommt viel mehr Handarbeit als Maschinen- und Formwesen vor. Und so hatten sie uns denn auch das trefflichste Nudelgericht bereitet, bedauerten jedoch, daß gerade von der allervollkommensten Sorte, die außer Girgenti, ja außer ihrem Hause nicht gefertigt werden könnte, nicht einmal ein Gericht vorrätig sei. An Weiße und Zartheit schienen diese ihresgleichen nicht zu haben.

Caltanisetta, den 28. April.

Ich hatte auf dem bisherigen Wege in Sizilien wenig kornreiche Gegenden gesehen; sodann war der Horizont überall von nahen und fernen Bergen beschränkt, so daß es der Insel ganz an Flächen zu fehlen schien und man nicht begriff, wie Ceres dieses Land so vorzüglich begünstigt haben sollte. Als ich mich darnach erkundigte, erwiderte man mir, daß ich, um dieses einzusehen, quer durchs Land gehen müsse, wo ich denn der Weizenstriche genug antreffen würde.

Heute können wir denn endlich sagen, daß uns ein anschaulicher Begriff geworden, wie Sizilien den Ehrennamen einer Kornkammer Italiens erlangen können. Eine Strecke nachdem wir Girgenti verlassen, fing der fruchtbare Boden an. Es sind keine großen Flächen, aber sanft gegen einander laufende Berg- und Hügelrücken, durchgängig mit Weizen und Gerste bestellt, die eine ununterbrochene Masse von Fruchtbarkeit dem Auge darbieten. Der diesen Pflanzen geeignete Boden wird so genutzt und so geschont, daß man nirgends einen Baum sieht, ja alle die kleinen Ortschaften und Wohnungen liegen auf Rücken der Hügel, wo eine hinstreichende Reihe Kalkfelsen den Boden ohnehin unbrauchbar macht. Dort wohnen die Weiber das ganze Jahr, mit Spinnen und Weben beschäftigt, die Männer hingegen bringen zur eigentlichen Epoche der Feldarbeit nur Sonnabend und Sonntag bei ihnen zu; die übrigen Tage bleiben sie unten und ziehen sich nachts in Rohrhütten zurück. Und so war denn unser Wunsch bis zum Überdruß erfüllt; wir hätten uns Triptolems Flügelwagen gewünscht, um dieser Einförmigkeit zu entfliehen.

Nun ritten wir bei heißem Sonnenschein durch diese wüste Fruchtbarkeit und freuten uns, in dem wohlgelegenen und wohlgebauten Caltanisetta zuletzt anzukommen, wo wir jedoch abermals vergeblich um eine leidliche Herberge bemüht waren. Die Maultiere stehen in prächtig gewölbten Ställen, die Knechte schlafen auf dem Klee, der den Tieren bestimmt ist, der Fremde aber muß seine Haushaltung von vorn anfangen. Ein allenfalls zu beziehendes Zimmer muß erst gereinigt werden. Stühle und Bänke gibt es nicht, man sitzt auf niedrigen Böcken von starkem Holz; Tische sind auch nicht zu finden.

Vor allem aber mußte wegen des Essens Anstalt getroffen werden. Wir hatten unterwegs eine Henne gekauft; der Vetturin war gegangen, Reis, Salz und Spezereien anzuschaffen; weil er aber nie hier gewesen, so blieb lange unerörtert, wo denn eigentlich gekocht werden sollte, wozu in der Herberge selbst keine Gelegenheit war. Endlich bequemte sich ein ältlicher Bürger, Herd und Holz, Küchen- und Tischgeräte gegen ein Billiges herzugeben und uns, indessen gekocht würde, in der Stadt herumzuführen, endlich auf den Markt, wo die angesehensten Einwohner nach antiker Weise umhersaßen, sich unterhielten und von uns unterhalten sein wollten.

Wir mußten von Friedrich dem Zweiten erzählen, und ihre Teilnahme an diesem großen Könige war so lebhaft, daß wir seinen Tod verhehlten, um nicht durch eine so unselige Nachricht unsern Wirten verhaßt zu werden.

Messina, den 9. Mai.

Und so gelangten wir nach Messina, bequemten uns, weil wir keine andere Gelegenheit kannten, die erste Nacht in dem Quartier des Vetturins zuzubringen, um uns den andern Morgen nach einem bessern Wohnort umzusehen. Dieser Entschluß gab gleich beim Eintritt den fürchterlichsten Begriff einer zerstörten Stadt; denn wir ritten eine Viertelstunde lang an Trümmern nach Trümmern vorbei, ehe wir zur Herberge kamen, die, in diesem ganzen Revier allein wieder aufgebaut, aus den Fenstern des obern Stocks nur eine zackige Ruinenwüste übersehen ließ. Außer dem Bezirk dieses Gehöftes spürte man weder Mensch noch Tier; es war nachts eine furchtbare Stille. Die Türen ließen sich weder verschließen noch verriegeln; auf menschliche Gäste war man hier so wenig eingerichtet, als in ähnlichen Pferdewohnungen; und doch schliefen wir ruhig auf einer Matratze, welche der dienstfertige Vetturin dem Wirte unter dem Leibe weggeschwatzt hatte.

Heute trennten wir uns von dem wackern Führer; ein gutes Trinkgeld belohnte seine sorgfältigen Dienste. Wir schieden freundlich, nachdem er uns vorher noch einen Lohnbedienten verschafft, der uns gleich in die beste Herberge bringen und alles Merkwürdige von Messina vorzeigen sollte. Der Wirt, um seinen Wunsch, uns loszuwerden, schleunigst erfüllt zu sehen, half Koffer und sämtliches Gepäck auf das schnellste in eine angenehme Wohnung schaffen, näher dem belebten Teile der Stadt, das heißt, außerhalb der Stadt selbst. Damit aber verhält es sich folgendermaßen. Nach dem ungeheuern Unglück, das Messina betraf, blieb nach zwölftausend umgekommenen Einwohnern für die übrigen dreißigtausend keine Wohnung; die meisten Gebäude waren niedergestürzt, die zerrissenen Mauern der übrigen gaben einen unsichern Aufenthalt. Man errichtete daher eiligst im Norden von Messina auf einer großen

Wiese eine Bretterstadt, von der sich am schnellsten derjenige einen Begriff macht, der zu Meßzeiten den Markt zu Leipzig durchwanderte; denn alle Kramläden und Werkstätte sind gegen die Straße geöffnet; vieles ereignet sich im Freien. Daher sind nur wenig größere Gebäude gegen die Öffentlichkeit verschlossen, indem die Bewohner manche Zeit unter freiem Himmel zubringen. So wohnen sie nun schon drei Jahre, und diese Buden-, Hütten-, ja Zeltwirtschaft hat auf den Charakter der Einwohner entschiedenen Einfluß. Das Entsetzen über jenes ungeheure Ereignis, die Furcht vor einem ähnlichen treibt sie, der Freuden des Augenblicks mit gutmütigem Frohsinn zu genießen. Die Sorge vor neuem Unheil ward am einundzwanzigsten April, also ungefähr vor zwanzig Tagen, erneuert; ein merklicher Erdstoß erschütterte den Boden abermals. Man zeigte uns eine kleine Kirche, wo eine Masse Menschen, gerade in dem Augenblick zusammen gedrängt, diese Erschütterung empfanden. Einige Personen, die darin gewesen, schienen sich von ihrem Schrecken noch nicht erholt zu haben.

Beim Aufsuchen und Betrachten dieser Gegenstände leitete uns ein freundlicher Konsul, der unaufgefordert vielfache Sorge für uns trug; in dieser Trümmerwüste mehr als irgendwo dankbar anzuerkennen. Zugleich auch, da er vernahm, daß wir bald abzureisen wünschten, machte er uns einem französischen Kauffahrer bekannt, der im Begriff stehe, nach Neapel zu segeln — doppelt erwünscht, da die weiße Flagge vor den Seeräubern sichert.

Auf der See, den 11.–14. Mai.

Wir beiden erwachten mit gleicher Empfindung, verdrießlich, daß wir, durch den ersten wüsten Anblick von Messina zur Ungeduld gereizt, uns entschlossen hatten, mit dem französischen Kauffahrer die Rückfahrt abzuschließen. Indessen war die Lage unangenehm: alles mußte gepackt bleiben und wir jeden Augenblick bereit sein, zu scheiden.

So geschah denn auch dieser Aufruf gegen Mittag; wir eilten an Bord und fanden unter der am Ufer versammelten Menge auch unsern guten Konsul, von dem wir dankbar Abschied nahmen. Der Wind blieb ungünstig, den unser Schiff, in verschiedenen Richtungen fortstreichend, nur überlisten konnte. Die Ungeduld hierüber ward vermehrt, als einige erfahrene Reisende versicherten, weder Kapitän noch Steurer verstünden ihr Handwerk; jener möge wohl als Kaufmann, dieser als Matrose gelten, für den Wert so vieler Menschen und Güter seien sie nicht geeignet einzustehen.

Ich ersuchte diese übrigens braven Personen, ihre Besorgnisse geheim zu halten. Die Anzahl der Passagiere war groß, darunter Weiber und Kinder von verschiedenem Alter; denn alles hatte sich auf das französische Fahrzeug gedrängt, die Sicherheit der weißen Flagge vor Seeräubern, sonst nichts weiter, bedenkend. Ich stellte vor, daß Mißtrauen und Sorge jeden in die peinlichste Lage versetzen würde.

Und so war der Nachmittag vorbeigegangen, ohne daß wir unsern Wünschen gemäß in den Golf von Neapel eingefahren wären. Wir wurden vielmehr immer westwärts getrieben, und das Schiff, indem es sich der Insel Capri näherte, entfernte sich immer mehr von dem Capo Minerva. Jedermann war verdrießlich und ungeduldig; wir beiden aber, die wir die Welt mit malerischen Augen betrachteten, konnten damit sehr zufrieden sein; denn bei Sonnenuntergang genossen wir des herrlichsten Anblicks, den uns die ganze Reise gewährt hatte. In dem glänzendsten Farbenschmuck lag Capo Minerva mit den daranstoßenden Gebirgen vor unsern Augen, indem die Felsen, die sich südwärts hinabziehen, schon einen bläulichen Ton angenommen hatten. Vom Kap an zog sich die ganze erleuchtete Küste bis Sorrento hin. Der Vesuv war uns sichtbar, eine ungeheure Dampfwolke über ihm aufgetürmt, von der sich ostwärts ein langer Streif weit hinzog, so daß wir den stärksten Ausbruch vermuten konnten. Links lag Capri, steil in die Höhe strebend; die Formen seiner Felswände konnten wir durch den durchsichtigen bläulichen Dunst vollkommen unterscheiden. Unter einem ganz reinen, wolkenlosen Himmel glänzte das ruhige, kaum bewegte Meer, das bei einer völligen Windstille endlich wie ein klarer Teich vor uns lag. Den Übergang vom Abend zur Nacht verfolgten wir mit eben so begierigen Augen. Capri lag nun ganz finster vor uns, und zu unserm Erstaunen entzündete sich die vesuvische Wolke, sowie auch der Wolkenstreif, je länger je mehr, und wir sahen zuletzt einen ansehnlichen Strich der Atmosphäre im Grunde unseres Bildes erleuchtet, ja wetterleuchten.

Über diese uns so willkommenen Szenen hatten wir unbemerkt gelassen, daß uns ein großes Unheil bedrohe; doch ließ uns die Bewegung unter den Passagieren nicht lange in Ungewißheit. Sie, der Meeresereignisse kundiger als wir, machten dem Schiffsherrn und seinem Steuermanne bittere Vorwürfe, daß über ihre Ungeschicklichkeit nicht allein die Meerenge verfehlt sei, sondern auch die ihnen anvertraute Personen, Güter und alles umzukommen in Gefahr schwebe. Wir erkundigten uns nach der Ursache dieser Unruhe, indem wir nicht begriffen, daß bei völliger Windstille irgend ein Unheil zu befürchten sei. Aber eben diese Windstille machte jene Männer trostlos. „Wir befinden uns," sagten sie, „schon in der Strömung, die sich um die Insel bewegt und durch einen sonderbaren Wellenschlag so langsam als unwiderstehlich nach den schroffen Felsen hinzieht, wo uns auch nicht ein Fußbreit Vorsprung oder Bucht zur Rettung gegeben ist."

Aufmerksam durch diese Reden, betrachteten wir nun unser Schicksal mit Grauen; denn obgleich die Nacht die zunehmende Gefahr nicht unterscheiden ließ, so bemerkten wir doch, daß das Schiff, schwankend und schwippend, sich den Felsen näherte, die immer finsterer vor uns standen, während über das Meer hin noch ein leichter Abendschimmer verbreitet lag. Nicht die geringste Bewegung war in der

Luft zu bemerken. Schnupftücher und leichte Bänder wurden von jedem in die Höhe und ins Freie gehalten, aber keine Andeutung eines erwünschten Hauches zeigte sich. Die Menge ward immer lauter und wilder. Nicht etwa betend knieten die Weiber mit ihren Kindern auf dem Verdeck, sondern, weil der Raum zu eng war, sich darauf zu bewegen, lagen sie gedrängt an einander. Sie noch mehr als die Männer, welche besonnen auf Hilfe und Rettung dachten, schalten und tobten gegen den Kapitän. Nun ward ihm alles vorgeworfen, was man auf der ganzen Reise schweigend zu erinnern gehabt: für teures Geld einen schlechten Schiffsraum, geringe Kost, ein zwar nicht unfreundliches, aber doch stummes Betragen. Er hatte niemand von seinen Handlungen Rechenschaft gegeben, ja selbst noch den letzten Abend ein hartnäckiges Stillschweigen über seine Manöver beobachtet. Nun hieß er und der Steuermann hergelaufene Krämer, die ohne Kenntnis der Schiffkunst sich aus bloßem Eigennutz den Besitz eines Fahrzeuges zu verschaffen gewußt und nun durch Unfähigkeit und Ungeschicklichkeit alle, die sich ihnen anvertraut, zu Grunde richteten.

Der Kapitän schwieg und schien immer noch auf Rettung zu sinnen; mir aber, dem von Jugend auf Anarchie verdrießlicher gewesen als der Tod selbst, war es unmöglich länger zu schweigen. Ich trat vor sie hin und redete ihnen zu mit ungefähr eben so viel Gemütsruhe als den Leuten von Malcesine. Ich stellte ihnen vor, daß gerade in diesem Augenblick ihr Lärmen und Schreien denen, von welchen noch allein Rettung zu hoffen sei, Ohr und Kopf verwirrten, so daß sie weder denken noch sich untereinander verständigen könnten. „Was euch betrifft," rief ich aus, „kehrt in euch selbst zurück, und dann wendet euer brünstiges Gebet zur Mutter Gottes, auf die es ganz allein ankommt, ob sie sich bei ihrem Sohne verwenden mag, daß er für euch tue, was er damals für seine Apostel getan, als auf dem stürmenden See Tiberias die Wellen schon in das Schiff schlugen, der Herr aber schlief; der jedoch, als ihn die Trost- und Hilflosen aufweckten, sogleich dem Winde zu ruhen gebot, wie er jetzt der Luft gebieten kann, sich zu regen, wenn es anders sein heiliger Wille ist."

Diese Worte taten die beste Wirkung. Eine unter den Frauen, mit der ich mich schon früher über sittliche und geistliche Gegenstände unterhalten hatte, rief aus: "Ah! il Barlamé! benedetto il Barlamé!" Und wirklich fingen sie, da sie ohnehin schon auf den Knieen lagen, ihre Litaneien mit mehr als herkömmlicher Inbrunst leidenschaftlich zu beten an. Sie konnten dies mit desto größerer Beruhigung tun, als die Schiffsleute noch ein Rettungsmittel versuchten, das wenigstens in die Augen fallend war: sie ließen das Boot hinunter, das freilich nur sechs bis acht Männer fassen konnte, befestigten es durch ein langes Seil an das Schiff, welches die Matrosen durch Ruderschläge nach sich zu ziehen kräftig bemüht waren. Auch glaubte man einen Augenblick, daß sie es innerhalb der Strömung bewegten, und hoffte es bald aus derselben herausgerettet zu sehen. Ob aber gerade diese Bemühungen die Gegengewalt der Strömung vermehrt oder wie es damit beschaffen sein mochte, so ward auf einmal an dem langen Seile das Boot und seine Mannschaft im Bogen rückwärts nach dem Schiffe geschleudert, wie die Schmitze einer Peitsche, wenn der Fuhrmann einen Zug tut. Auch diese Hoffnung ward aufgegeben!

Gebet und Klagen wechselten ab, und der Zustand wuchs um so schauerlicher, da nun oben auf den Felsen die Ziegenhirten, deren Feuer man schon längst gesehen hatte, hohl aufschrieen: da unten strande das Schiff! Sie riefen einander noch viel unverständliche Töne zu, in welchen einige, mit der Sprache bekannt, zu vernehmen glaubten, als freuten sie sich auf manche Beute, die sie am andern Morgen aufzufischen gedächten. Sogar der tröstliche Zweifel, ob denn auch wirklich das Schiff dem Felsen sich so drohend nähere, war leider nur zu bald gehoben, indem die Mannschaft zu großen Stangen griff, um das Fahrzeug, wenn es zum äußersten käme, damit von den Felsen abzuhalten, bis denn endlich auch diese brächen und alles verloren sei.

Immer stärker schwankte das Schiff, die Brandung schien sich zu vermehren, und meine durch alles dieses wiederkehrende Seekrankheit drängte mir den Entschluß auf, hinunter in die Kajüte zu steigen. Ich legte mich halb betäubt auf meine Matratze, doch aber mit einer gewissen angenehmen Empfindung, die sich vom See Tiberias herzuschreiben schien; denn ganz deutlich schwebte mir das Bild aus Merians Kupferbibel vor Augen. Wie lange ich so in halbem Schlafe gelegen, wüßte ich nicht zu sagen; aufgeweckt aber ward ich durch ein gewaltsames Getöse über mir; ich konnte deutlich vernehmen, daß es die großen Seile waren, die man auf dem Verdeck hin und wieder schleppte; dies gab mir Hoffnung, daß man von den Segeln Gebrauch mache. Nach einer kleinen Weile sprang Kniep herunter und kündigte mir an, daß man gerettet sei; der gelindeste Windeshauch habe sich erhoben; in dem Augenblick sei man bemüht gewesen, die Segel aufzuziehen, er selbst habe nicht versäumt, Hand anzulegen. Man entferne sich schon sichtbar vom Felsen, und obgleich noch nicht völlig außer der Strömung, hoffe man nun doch, sie zu überwinden. Oben war alles stille; sodann kamen mehrere der Passagiere, verkündigten den glücklichen Ausgang und legten sich nieder.

Vom Verdeck sah ich mit Vergnügen die Insel Capri in ziemlicher Entfernung zur Seite liegen und unser Schiff in solcher Richtung, daß wir hoffen konnten, in den Golf hineinzufahren; welches denn auch bald geschah. Nun hatten wir die Freude, nach einer harten Nacht dieselben Gegenstände, die uns abends vorher entzückt hatten, in entgegengesetztem Lichte zu bewundern. Bald ließen wir jene gefährliche Felseninsel hinter uns. Wir langten zur rechten Zeit im Hafen an, umsummt von Menschen; es war der lebhafteste Augenblick des Tages. Kaum waren unsere Koffer und sonstigen Gerätschaften ausgeladen und standen am Ufer, als gleich zwei Lastträger sich derselben bemächtigten und mit dieser Last wie mit einer Beute davon liefen, so daß wir ihnen durch die menschenreichen Straßen und über den bewegten Platz nicht mit den Augen folgen konnten.

VII. NAPLES. II.

Neapel, den 28. Mai.

Der gute und so brauchbare Volkmann nötigt mich von Zeit zu Zeit, von seiner Meinung abzugehen. Er spricht zum Beispiel, daß dreißig- bis vierzigtausend Müßiggänger in Neapel zu finden wären; und wer spricht's ihm nicht nach? Ich vermutete zwar sehr bald nach einiger Kenntnis des südlichen Zustandes, daß dies wohl eine nordische Ansicht sein möchte, wo man jeden für einen Müßiggänger hält, der sich nicht den ganzen Tag ängstlich abmüht. Ich wendete deshalb vorzügliche Aufmerksamkeit auf das Volk, es mochte sich bewegen oder in Ruhe verharren, und konnte zwar sehr viel übelgekleidete Menschen bemerken, aber keine unbeschäftigten.

Ich fragte deswegen einige Freunde nach den unzähligen Müßiggängern, welche ich doch auch wollte kennen lernen; sie konnten mir aber solche eben so wenig zeigen, und so ging ich, weil die Untersuchung mit Betrachtung der Stadt genau zusammenhing, selbst auf die Jagd aus.

Ich fing meine Beobachtung bei früher Tageszeit an, und alle die Menschen, die ich hie und da stillstehen oder ruhen fand, waren Leute, deren Beruf es in dem Augenblick mit sich brachte. Von Bettlern war keiner zu bemerken, als ganz alte, völlig unfähige und krüppelhafte Menschen. Je mehr ich mich umsah, je genauer ich beobachtete, desto weniger konnt' ich, weder von der geringen noch von der mittlern Klasse, weder am Morgen noch den größten Teil des Tages, ja von keinem Alter und Geschlecht eigentliche Müßiggänger finden.

Ich gehe in ein näheres Detail, um das, was ich behaupte, glaubwürdiger und anschaulicher zu machen. Die kleinsten Kinder sind auf mancherlei Weise beschäftigt. Ein großer Teil derselben trägt Fische zum Verkauf von Santa Lucia in die Stadt; andere sieht man sehr oft in der Gegend des Arsenals, oder wo sonst etwas gezimmert wird, wobei es Späne gibt, auch am Meere, welches Reiser und kleines Holz auswirft, beschäftigt, sogar die kleinsten Stückchen in Körbchen aufzulesen. Kinder von einigen Jahren, die nur auf der Erde so hinkriechen, in Gesellschaft älterer Knaben von fünf bis sechs Jahren, befassen sich mit diesem kleinen Gewerbe. Sie gehen nachher mit dem Körbchen tiefer in die Stadt und setzen sich mit ihren kleinen Holzportionen gleichsam zu Markte. Der Handwerker, der kleine Bürger kauft ihnen das Holz ab, brennt es auf seinem Dreifuß zu Kohlen, um sich daran zu erwärmen, oder verbraucht es in seiner sparsamen Küche.

Andere Kinder tragen das Wasser der Schwefelquellen, welches besonders im Frühjahr sehr stark getrunken wird, zum Verkauf herum. Andere suchen einen kleinen Gewinn, indem sie Obst, gesponnenen Honig, Kuchen und Zuckerware einkaufen und wieder, als kindische Handelsleute, den übrigen Kindern anbieten und verkaufen; allenfalls nur um ihren Teil daran umsonst zu haben. Es ist wirklich artig anzusehen, wie ein solcher Junge, dessen ganze Gerätschaft in einem Brett und Messer besteht, eine Wassermelone oder einen halben gebratenen Kürbis herumträgt, wie sich um ihn eine Schar Kinder versammelt, wie er sein Brett niedersetzt und die Frucht in kleine Stücke zu zerteilen anfängt. Die Käufer spannen sehr ernsthaft, ob sie auch für ihr klein Stückchen Kupfergeld genug erhalten sollen, und der kleine Handelsmann behandelt gegen die Begierigen die Sache eben so bedächtig, damit er ja nicht um ein Stückchen betrogen werde. Ich bin überzeugt, daß man bei längerem Aufenthalt noch manche Beispiele solches kindlichen Erwerbes sammeln könnte.

Eine sehr große Anzahl von Menschen, teils mittlern Alters, teils Knaben, welche meistenteils sehr schlecht gekleidet sind, beschäftigen sich, das Kehricht auf Eseln aus der Stadt zu bringen. Das nächste Feld um Neapel ist nur e i n Küchengarten, und es ist eine Freude, zu sehen, welche unsägliche Menge von Küchengewächsen alle Markttage hereingeschafft wird, und wie die Industrie der Menschen sogleich die überflüssigen, von der Köchin verworfenen Teile wieder in die Felder bringt, um den Zirkel der Vegetation zu beschleunigen. Zwei große biegsame Körbe hangen auf dem Rücken eines Esels und werden nicht allein ganz voll gefüllt, sondern noch auf jeden mit besonderer Kunst ein Haufen aufgetürmt. Kein Garten kann ohne einen solchen Esel bestehen. Ein Knecht, ein Knabe, manchmal der Patron selbst, eilen des Tags so oft als möglich nach der Stadt, die ihnen zu allen Stunden eine reiche Schatzgrube ist.

Ich würde zu weit aus meinem Wege gehen, wenn ich hier von der mannigfaltigen Krämerei sprechen wollte, welche man mit Vergnügen in Neapel, wie in jedem andern großen Orte, bemerkt; allein ich muß doch hier von den Herumträgern sprechen, weil sie der letzten Klasse des Volks besonders angehören. Einige gehen herum mit Fäßchen Eiswasser und Zitronen, um überall gleich Limonade machen zu können, einen Trank, den auch der Geringste nicht zu entbehren vermag; andere mit Kredenztellern, auf welchen Flaschen mit verschiedenen Liqueuren und Gläsern in hölzernen Ringen, vor dem Fallen gesichert, stehen; andere tragen Körbe allerlei Backwerks, Näscherei, Zitronen und anderes Obst umher, und es scheint, als wolle jeder das große Fest des Genusses, das in Neapel alle Tage gefeiert wird, mitgenießen und vermehren.

Es ist wahr, man tut nur wenig Schritte, ohne einem sehr übelgekleideten, ja sogar einem zerlumpten Menschen zu begegnen, aber dies ist deswegen noch kein Faulenzer, kein Tagedieb. Der zerlumpte Mensch ist noch nicht nackt; derjenige, der weder ein eigenes Haus hat, noch zur Miete wohnt, sondern im Sommer auf den Schwellen der Paläste und Kirchen, in öffentlichen Hallen die Nacht zubringt und sich bei schlechtem Wetter irgendwo gegen ein geringes Schlafgeld untersteckt, ist deswegen noch nicht verstoßen und elend, ein Mensch noch nicht arm, weil er nicht für den andern Tag gesorgt hat. Wenn man nur bedenkt, was das fischreiche Meer, von dessen Produkten sich jene Menschen gesetzmäßig einige Tage der Woche nähren müssen, für eine Masse von Nahrungsmitteln anbietet; wie allerlei Obst und Gartenfrüchte zu jeder Jahreszeit in Überfluß zu haben sind; wie die Gegend, worin Neapel liegt, den Namen Terra di Lavoro (nicht das Land der *Arbeit*, sondern das Land des *Ackerbaues*) sich verdient hat und die ganze Provinz den Ehrentitel der glücklichen Gegend (Campagna felice) schon Jahrhunderte trägt; so läßt sich wohl begreifen, wie leicht dort zu leben sein möge.

Neapel, den 29. Mai.

Eine ausgezeichnete Fröhlichkeit erblickt man überall mit dem größten teilnehmenden Vergnügen. Die vielfarbigen bunten Blumen und Früchte, mit welchen die Natur sich ziert, scheinen den Menschen einzuladen, sich und alle seine Gerätschaften mit so hohen Farben als möglich auszuputzen. Seidene Tücher und Binden, Blumen auf den Hüten schmücken einen jeden, der es einigermaßen vermag. Stühle und Kommoden in den geringsten Häusern sind auf vergoldetem Grund mit bunten Blumen geziert; sogar die einspännigen Kaleschen hochrot angestrichen, das Schnitzwerk vergoldet, die Pferde davor mit gemachten Blumen, hochroten Quasten und Rauschgold ausgeputzt. Manche haben Federbüsche, andere sogar kleine Fähnchen auf den Köpfen, die sich im Laufe nach jeder Bewegung drehen. Wir pflegen gewöhnlich die Liebhaberei zu bunten Farben barbarisch und geschmacklos zu nennen; sie kann es auch auf gewisse Weise sein und werden; allein unter einem recht heitern und blauen Himmel ist eigentlich nichts bunt, denn nichts vermag den Glanz der Sonne und ihren Wiederschein im Meere zu überstrahlen. Die lebhafteste Farbe wird durch das gewaltige Licht gedämpft, und weil alle Farben, jedes Grün der Bäume und Pflanzen, das gelbe, braune, rote Erdreich in völliger Kraft auf das Auge wirken, so treten dadurch selbst die farbigen Blumen und Kleider in die allgemeine Harmonie. Die scharlachenen Westen und Röcke der Weiber von Nettuno, mit breitem Gold und Silber besetzt, die andern farbigen Nationaltrachten, die gemalten Schiffe, alles scheint sich zu beeifern, unter dem Glanze des Himmels und des Meeres einigermaßen sichtbar zu werden.

Neapel, den 2. Juni.

Und so hätte ich auch diesen schönen Tag zwar mit vorzüglichen Personen vergnüglich und nützlich, aber doch ganz gegen meine Absichten und mit schwerem Herzen zugebracht. Sehnsuchtsvoll blickte ich nach dem Dampfe, der, den Berg herab langsam nach dem Meer ziehend, den Weg bezeichnete, welchen die Lava stündlich nahm. Auch der Abend sollte nicht frei sein. Ich hatte versprochen, die Herzogin von

Giovane zu besuchen, die auf dem Schlosse wohnte. Ich fand in einem großen und hohen Zimmer, das keine sonderliche Aussicht hatte, eine wohlgestaltete junge Dame. Die Dämmerung war schon eingebrochen, und man hatte noch keine Kerzen gebracht. Wir gingen im Zimmer auf und ab, und sie, einer durch Läden verschlossenen Fensterseite sich nähernd, stieß einen Laden auf, und ich erblickte, was man in seinem Leben nur einmal sieht. Tat sie es absichtlich, mich zu überraschen, so erreichte sie ihren Zweck vollkommen. Wir standen an einem Fenster des obern Geschosses, der Vesuv gerade vor uns; die herabfließende Lava, deren Flamme bei längst niedergegangener Sonne schon deutlich glühte und ihren begleitenden Rauch schon zu vergolden anfing; der Berg gewaltsam tobend, über ihm eine ungeheure feststehende Dampfwolke, ihre verschiedenen Massen bei jedem Auswurf blitzartig erleuchtet; von da herab bis gegen das Meer ein Streif von Gluten und glühenden Dünsten; übrigens Meer und Erde, Fels und Wachstum deutlich in der Abenddämmerung, klar, friedlich, in einer zauberhaften Ruhe. Dies alles mit einem Blick zu übersehen und den hinter dem Bergrücken hervortretenden Vollmond als die Erfüllung des wunderbarsten Bildes zu schauen, mußte wohl Erstaunen erregen.

Dies alles konnte von diesem Standpunkt das Auge auf einmal fassen, und wenn es auch die einzelnen Gegenstände zu mustern nicht imstande war, so verlor es doch niemals den Eindruck des großen Ganzen. War unser Gespräch durch dieses Schauspiel unterbrochen, so nahm es eine desto gemütlichere Wendung. Wir hatten nun einen Text vor uns, welchen Jahrtausende zu kommentieren nicht hinreichen. Je mehr die Nacht wuchs, desto mehr schien die Gegend an Klarheit zu gewinnen; der Mond leuchtete wie eine zweite Sonne; ja, man glaubte mit halbweg bewaffnetem Auge die glühend ausgeworfenen Felsklumpen auf der Nacht des Kegelberges zu unterscheiden. Meine Wirtin — so will ich sie nennen, weil mir nicht leicht ein köstlicheres Abendmahl zubereitet war — ließ die Kerzen an die Gegenseite des Zimmers stellen, und die schöne Frau, vom Monde beleuchtet, als Vordergrund dieses unglaublichen Bildes, schien mir immer schöner zu werden. Ich vergaß, wie spät es war, so daß sie mich zuletzt aufmerksam machte, sie müsse mich, wiewohl ungern, entlassen; die Stunde nahe schon, wo ihre Zimmer klostermäßig verschlossen würden. Und so schied ich zaudernd, mein Geschick segnend, das mich für die widerwillige Artigkeit des Tages noch schön am Abend belohnt hatte.

Unterwegs, den 6. Juni.

Da ich diesmal allein reise, habe ich Zeit genug, die Eindrücke der vergangenen Monate wieder hervorzurufen; es geschieht mit vielem Behagen. Und doch tritt gar oft das Lückenhafte der Bemerkungen hervor; und wenn die Reise dem, der sie vollbracht hat, in *einem* Flusse vorüberzuziehen scheint und in der Einbildungskraft als eine stetige Folge hervortritt, so fühlt man doch, daß eine eigentliche Mitteilung unmöglich sei. Der Erzählende muß alles einzeln hinstellen; wie soll daraus in der Seele des dritten ein Ganzes gebildet werden?

Überhaupt, wenn jeder Mensch nur als ein Supplement aller übrigen zu betrachten ist und am nützlichsten und liebenswürdigsten erscheint, wenn er sich als einen solchen gibt, so muß dieses vorzüglich von Reiseberichten und Reisenden gültig sein. Persönlichkeit, Zwecke, Zeitverhältnisse, Gunst und Ungunst der Zufälligkeiten, alles zeigt sich bei einem jeden anders. Kenn' ich seine Vorgänger, so werd' ich auch an ihm mich freuen, mich mit ihm behelfen, seinen Nachfolger erwarten und diesem, wäre mir sogar inzwischen das Glück geworden, die Gegend selbst zu besuchen, gleichfalls freundlich begegnen.

NOTES

The heavy figures represent pages, the light figures lines.

General Remark. In view of the purpose for which this volume has been compiled, the editor has not thought it necessary to call attention to Goethe's minor divergencies in vocabulary or idiom from modern usage, where these present no difficulty to the reader. A few he has quietly changed. The following points may be noted as occurring *passim*: —

1. The word-order is very free. Goethe intentionally kept the easy colloquial style of the letters and diary on which the *Reise* is based.

2. The auxiliary verb is very freely omitted in subordinate clauses.

3. In subordinate clauses the auxiliary is often put before two infinitives, even though the second does not represent the past participle.

4. Clauses with a present participle are very frequent. This is from the diary.

5. Where the antecedent is a clause, welches is often used where modern usage demands was.

6. A neuter adjective is occasionally left uninflected before its noun.

7. Hin und wieder is used for the more usual hin und her.

---

1. 2. Karlsbad is the famous watering-place in Bohemia with mineral springs. Goethe visited it twelve times in the course of his life. He had been there since July in company with the Duke of Saxe-Weimar. — 5. mochte, 'had been pleased to.' He means that he had originally intended to start on August 28, but had been detained by the wish of his friends to celebrate his thirty-seventh birthday. — 6. Goethe travelled under the name of Johann Philipp Möller and was supposed to be a Leipzig merchant. The author of the

Werther had need of an incognito. — 14. **Polhöhe**, 'latitude,' since this corresponds to the apparent height of the pole-star above the horizon. Frankfort-on-the-Main lies in latitude 50° 7′.

2. 1. Lake Walchen is a small sheet of water in the mountains south of Munich, near the Austrian frontier. — 9. Maria Einsiedeln (Our Lady of the Snows) is a famous shrine at Einsiedeln in Switzerland, with a miracle-working image of the Virgin. It is visited by 160,000 pilgrims a year. — 11. The famous shrine of St. James in Santiago de Compostela in Spain. — 20. Bavaria, of which Munich is the capital, is now a kingdom, it was then an electorate. — 23. **sich . . . faltete**, 'often wore a slight frown.' — 26. **etwas bedeuten zu wollen**, 'to be trying to look important.'

3. 20. **Diskant**, 'treble strings'; **sich hinaufstimme**, 'get sharp,' 'rise in pitch.'

4. 1. **Trient**, 'Trent,' in southern Tyrol, famous for the councils held there by the Catholic church in the 16th century. — 7. The Brenner Pass over the Alps, between Innsbrück and Verona. — 12. **Grummet**, 'aftermath,' second crop of hay. — 21. Goethe uses **Fleck** as a neuter noun, plural -*e*.

5. 27. **türkisches Korn**, 'Indian corn.'

6. 2. **zaselig**, 'feathery.' — 15. **Wissenschaften**, 'systematic knowledge'; **Kenntnisse**, 'practical knowledge,' say 'knowledge theoretic and applied. — 17. **Falten**, 'creases.'

7. 5. **Naturwirkung**, 'natural phenomenon.' — 6. Lago di Garda, the well-known lake in northern Italy. — 9. **Etsch**, 'Adige.' — 13. **Anfahrt**, 'landing-place.' — 15. **häufig**, 'in abundance,' an older meaning of the word, now rare.

8. 8. **verführen**, 'keep up,' as in einen Lärm verführen, 'make a racket' (colloquial). — 16. **keine eigentlichen**, i.e. they were lake, not brook trout. — 23. Accent Malce′sine.

10. 4. **Türgewände**, 'casement,' i.e. the deep niche of the doorway. — 23. **Podestà**, 'mayor.'

11. 4. **Aktuarius**, 'clerk.'

13. 3. **ich schenkte ihnen nichts**, 'I spared them no detail.' —

6. **das . . . hören**, 'that was all very fine.' — 8. **im Schilde führe**, 'was plotting.' — 16. **Vorgesetzten**, 'magistrates.' Frankfort was then a Free City; since 1866 it has been part of Prussia. — 21. **was an . . . ist**, 'how things stand with . . .' — 23. **konditioniert**, 'served as a clerk.' — 26. **Widerwärtige**, in the older sense of 'hostile,' say 'objector.'

14. 5. Bolongaro, a merchant of Frankfort. — 15. **darauf**, 'in honor of the occasion.' — 19. **versorgt**, 'started in life (in business).'

16. 13. In 1771 a bull-fight was given in the amphitheater in honor of Joseph II.

17. 2. **Krater**, 'a cup-shaped hollow' (κρατήρ, a bowl). — 11. **durch einander**, 'in confusion.' — 21. **Theatergebäudes**, a modern building (1718). — 23. **Anstalt**, 'museum'; **Säulenlauben**, 'colonnades.'

18. 10. **die . . . Gegenwart**, say 'the vivid realism.' The passage shows Goethe's reaction against Gothic sculpture. — 21. **Handwerksunfähigkeit**, 'clumsiness.' — 26. **Vicentiner**, 'inhabitants of Vicenza.' The game of *pallone* (Big Ball) is still the national game of Italy.

19. 5. **zufällige**, 'improvised.' — 11. **ausschlägt**, 'serves.' — 12. **Stachelringe**, 'bat,' it being like a huge wooden boxing-glove covered with wooden spikes. — 26. The statue called the Borghese Gladiator is in the Louvre.

20. 2. **warum**, 'I wondered why,' notice the order. — 4. **rührt sich durcheinander**, 'bustles about.' — 7. **etwa**, 'as one might expect.' — 10. **ziehen**, 'sew' (draw long thread).

21. 8. **Sie sahen mir auf die Finger**, 'they looked at me sharply.' — 13. **pfriemenartig**, 'tall and tapering' (like awls).

22. 1. Goethe had gone to Vicenza and Padua and thence down the Brenta river. The lagoons are the shallow waters at the head of the Adriatic in which Venice lies. — 8. **Wortschällen**, 'empty words.' — 15. **mir . . . angerechnet**, 'it was counted a great favor.' — 18. **Gondelkäfige**, 'cabins' (like cages).

23. 6. **genießen** takes the accusative in the sense of 'enjoy a thing as a whole,' the genitive in the sense of 'find enjoyment in a thing.' I cannot see that Goethe makes any distinction. — 25. **in der Nähe,** 'near to.'

24. 8. **dem Paderbornischen,** 'the vicinity of Paderborn,' a city in Westphalia (Prussia). — 10. In the cathedral of Cologne are shown the skulls of the three Magi (kings) who paid homage to the infant Christ. — 18. **Muschel,** 'scallop.'

25. 11. **dahin vermocht,** 'had persuaded,' = dahin zu bringen vermocht habe.

27. 1. Venice was first settled in 568, when the Patriarch of Aquileia and many of the townsfolk took refuge on the islands from a Lombard foray. The first Doge was elected in 697. It was incorporated with Austria in 1797, with which ended its life as an independent state. It is now part of the kingdom of Italy. — 13. **geschlossen,** 'close together.' — 23. **Kanal,** the Grand Canal.

28. 17. **ein Mitherr,** 'one of the lords.' — 23. **respektables,** 'venerable.'

29. 3. **erscheinendes Dasein,** 'phenomenal existence,' i.e. the transitory life of earthly things. Cf. Wordsworth's great sonnet "On the Extinction of the Venetian Republic" (1797): —

Once did she hold the gorgeous East in fee
And was the safeguard of the West; the worth
Of Venice did not fall below her birth,
Venice, the eldest child of Liberty.
She was a maiden city, bright and free;
No guile seduced, no force could violate;
And when she took unto herself a mate,
She must espouse the everlasting Sea.

And what if she had seen those glories fade,
Those titles vanish and that strength decay;
Yet shall some tribute of regret be paid
When her long life hath reached its final day;
Men are we, and must grieve when even the shade
Of that which once was great, is passed away.

9. **Buffo,** 'clown' (on the stage). — 14. **fertig,** 'cut and dried.'

31. 7. **Saturn,** as the emblem of time. — 10. **Verliefe! Ver-**

locke!, 'Come here! Begone!' Goethe had in mind the puppet play of *Dr. Faustus.*

32. 3. **flämisch**, 'sulky.' — 6. The victory of Lepanto, October 7, 1571. — 16. **Savji**, 'ministers' (literally, 'sages'). — 17. The Phrygian cap is what we know as the Liberty Cap.

34. 2. **vormoduliert**, 'hums.' — 3. **kann** = **kennt**, as in **Er kann Deutsch**; **unterschiebt**, 'sings to' a given tune. — 17. **Giudecca**, the island that forms the southern half of Venice, once the quarter of the Jews. — 25. "It is strange how that song touches one's heart, the more so the better it is sung."

35. 10. **Markusturm**, the campanile in the square of St. Mark. — 17. **höher bebaute**, 'elevated by tillage.' — 24. **Wirtschaft**, 'doings.'

36. 4. **seiend**, 'real.' — 12. **Kopfe**, 'coping.' — 17. **einschalige**, 'univalve,' i.e. having only an upper shell. — 21. **woran es ist**, 'what is the matter.'

37. 2. **stelzenartigen**, 'stilt-like.'

38. 2. Johann Gottfried Herder (1744-1803), the pastor of the Court Church in Weimar and a distinguished scholar and writer. — 4. Baruch Spinoza (1632–77), the great philosopher, who wrote in Latin. — 7. **nur ängstlich**, 'in sheer terror.' — 8. Wieland's translation of the Satires had appeared early in the same year, 1786. — 14. **Die historische Kenntnis**, 'the knowledge (of Italy) to be gained from books.'

39. 9. **häufig**, 'in abundance.' — 12. **farbig beaugte**, 'with colored eyes.' — 13. **schockweise**, 'by hundreds,' the **Schock** is 60.

41. 17. **Umschweif**, 'beating about the bush.' — 21. Frederick the Great had died only two months before, August 17, 1786. — 22. **die Gläubigen**, 'the faithful,' i.e. the Austrian Catholics.

42. 19. **Sees**, Lake Trasimeno. — 24. Andrea Palladio, the great Italian architect, 1518-80.

43. 3. **Vetturin**, 'driver.' — 7. **Maria della Minerva**, the ancient temple had been consecrated to the Virgin as a church. —

18. **im Gemüt . . . beruhigt,** 'in a most peaceful frame of mind.' — 20. **Sbirren,** 'policemen.' — 23. **auf mich gemünzt sei,** 'was meant for me.'

44. 5. **Gran Convento,** the great convent of St. Francis in Assisi. — 13. **Kontrabande,** 'contraband goods.' — 25. **tristen,** 'gloomy.'

45. 6. **gleich oben hinaus,** 'ready to jump at conclusions.' — 21. **in Andacht,** 'in his devotions.'

47. 9. **im besondern,** 'separately.' — 10. **Namensfest,** 'the feast of the saint whose name it bears.' — 14. The pope at the time was Pius VI (1775–99). — 24. **Bildung,** 'figure,' 'looks.'

48. 13. Legend tells that St. Peter, fleeing from Rome to escape death, met Christ and addressed him: *Domine, quo vadis?* (Lord, whither goest thou?), to which his Master replied: *Venio iterum crucifigi* (I come to be crucified a second time), whereupon St. Peter returned to his post and a martyr's death. — 20. **Kalk,** 'plaster,' it was a fresco. — 21. Raphael Mengs (1728–79), was a German artist of some distinction. — 23. Johann Joachim Winckelmann (1717–68), the great critic and historian of classic art.

49. 6. **nur so leicht hingemacht,** 'just dashed off.' — 15. **historisch,** 'in narrative form.' — 17. The painter Wilhelm Tischbein, 1751–1829. — 23. **Das jüngste Gericht,** 'The Last Judgment,' the famous picture of Michelangelo over the altar of the Sistine Chapel.

50. 5. **als genießende Menschen,** 'like idle folk,' i.e. for the time being they laid aside the student and critic. — 7. **ekleu,** 'fastidious.' — 19. **Knopf,** 'ball.' — 21. **Gesimsen,** 'cornices' forming galleries inside the dome. The 'tambour' is the drum-shaped foundation on which a dome rests.

51. 3. This was a letter to Herder, who had children. — 6. **ich mag nun . . .,** whether I . . .'

52. 1. **an,** 'in the way of.' — 4. **im Urbilde,** 'in the original marble.' — 5. **höchste Hauch,** 'finest bloom.'

53. 3. **Fuße,** 'pedestal.' — 14. **Form,** 'mould.' — 20. For this portrait see the frontispiece. The bas-relief in the background shows the meeting of Orestes and Iphigenia, as Goethe was recasting his

Iphigenie auf Tauris during his stay in Rome. As the figure is life-size the canvas is large. It is now in a museum in Frankfort.

54. 18. **Inglesi**, 'English.'

56. 15. **Alles einzelne**, 'all the details.'

57. 11. Trinità de' Monti, a church and the square before it on the Pincian, at the head of the Spanish Stairs. — 14. Lucullus, the Roman general of the first century B.C., accumulated vast wealth in his campaigns in Asia, which he spent in luxurious living in Rome.

58. 12. **viel heißen will**, 'means a great deal.'

59. 7. **genesen**, 'arrive safely,' a Biblical and now obsolete use of the word.

61. 21. **Ohr**, 'handle.'

62. 24. **Somma**, a ridge which was the remnant of the wall of an older and larger crater.

64. 11. **Gerölle**, 'loose cinders.' — 21. **Ladung**, 'charge' of a gun.

65. 1. Pompeii was destroyed A.D. 79, by a fall of cinders and ashes.

66. 7. **allenfalls**, 'if need be.' — 13. **Vorlese**, '(preliminary) harvest.'

67. 6. **Naturell**, 'temperament.' — 8. **dahin leben**, 'live along from day to day.'

68. 4. **erweichen**, Goethe ought to have said, not 'soften,' but 'expand.' Did he possibly write erweitern? — 7. **Huronen**, 'children of nature,' suggested by the Huron Indian, the hero of Voltaire's *L'Ingénu*. — 14. Caserta is a town north of Naples with a royal chateau. — 16. **genießenden Menschen**, 'people devoted to pleasure.' — 17. Sir William Hamilton (the Ritter represents the "Sir") had been the English ambassador to the Naples court since 1764. He was a distinguished archeologist and collector. The girl was Emma Harte, who, as Lady Hamilton, attained a dubious immortality by the passion she inspired in the naval hero, Lord Nelson. She was of the humblest origin, and her early life was one of poverty and shame. Sir William had brought her to Naples, and in 1791 married her. From 1798 to his death in 1805 Lord Nelson was her slave. Beside her great beauty she must have had some intellectual force, for she played a rôle in the intrigues that preceded the fall of the Naples Bourbons, being an intimate of the Queen. She is, however, described as dull as well as illiterate and underbred. In 1787 she was twenty-five years old. Cf. the *Dictionary of Nat. Biography*, xxiv. 148.

69. 4. **ganz fertig,** 'in its perfection.' — 11. **hält das Licht dazu,** 'acts as showman.' — 19. **Kunstgewölbe,** say 'museum.' — 25. **Gebild,** 'creature.'

70. 22. Pæstum is famous for its very ancient Greek temples, it having been a Greek colony. It was the first architecture of this severe type that Goethe had seen.

71. 5. **Plas'tik,** '(Greek) sculpture.' — 6. **den Genius,** 'my guardian angel,' 'tutelary genius.'

73. 11. Posilipo, a point directly west of Naples. — 16. **eine Meile,** nearly five English miles. — 17. Capo Minerva, now Punta della Campanella, the eastern point opposite which Capri lies. — 18. Christoph Heinrich Kniep (1748–1825) was an artist who accompanied Goethe on his Sicilian trip.

74. 10. Us'tica lies off the coast of Sicily, opposite Palermo. — 15. **unter den Wind,** 'to leeward.' — 23. **Rückenstacheln,** 'dorsal spines.'

76. 1. **Rosalienberg,** Monte Pellegrino. — 19. **einen . . . Staub,** 'a huge cloud of dust.'

77. 25. **nach . . . Geströhde,** 'if the litter were cleared away.'

78. 2. **Kasse,** 'department of government.' — 13. Patrick Brydone published in 1773 *A Tour through Sicily and Malta* that was translated into German.

79. 12. **festgebaut,** say 'mortised,' lit. 'built fast,' cf. festgenagelt, 'nailed fast.'

80. 15. Apparently the Genoese were specially devoted to the saint. — 26. **Laubwerk,** '(foliated) screen.'

82. 10 f. **Petarden,** 'torpedoes'; **Lauffeuer,** 'trains of gunpowder'; **Schläge,** 'crackers'; **Schwärmer,** 'squibs.' — 12. **kastenweise,** 'by the boxful.'

83. 5. **Malteser,** 'Knight of Malta,' whom Goethe would recognize by his dress or orders. — 8. **bedenklichem,** 'significant.' — 11. **Regen . . . machte,** 'was the cock of the walk,' French: *faire la pluie et le beau temps.* — 21. **anständiger Freimütigkeit,** 'frank dignity.'

85. 2. **der Barbarei,** 'Barbary,' whose pirates then swarmed on the Mediterranean. — 9. **Torheiten,** a few days before Goethe had visited Prince Pallagonia's villa, which was adorned with all sorts of mad extravagancies. — 19. Alexander, Count of Cagliostro (pronounce, *calyos'tro*), the notorious adventurer (1743–95), roamed for years over Europe and found everywhere his dupes. In 1785 he had a hand in the affair of the Diamond Necklace, in which Marie Antoinette was innocently involved. It led to his being cast into the Bastille and being exiled from France in 1786. He was condemned to death by the Inquisition in Rome in 1789. The sentence was commuted by the pope to imprisonment for life. After Goethe's return to Weimar he twice remitted funds to aid the family in Palermo.

91. 4. **ward,** 'fell to our lot.' Goethe was now on the way from Palermo to Messina. Girgenti (both g's are soft) lies on the site of the ancient Agrigentum, and has very imposing ruins. — 5. **Burgraume,** 'site of the citadel,' on a hill-top. The ancient city, which was much larger, stretched from here down to the sea. — 17. **Strandfläche,** 'coast plain.' — 23. **Nudeln,** 'macaroni.'

92. 8. **Formwesen,** 'work with moulds.'

93. 17. To Triptolemus Demeter (Ceres) gave a car drawn by winged dragons wherewith to disperse over the earth the seed she had given him. — 26. **Ein . . . Zimmer,** 'a room that is eventually to be occupied.'

94. 15. Frederick the Great had died on August 17 of the preceding year. — 23. Messina had been visited by an earthquake in February, 1783.

95. 5. **Gehöftes**, 'establishment.' — 23. **nach . . . Einwohnern**, 'after 12,000 inhabitants had perished.' The loss of life was, in fact, only some 6,000.

96. 2. Three great fairs are held annually at Leipzig, for which booths are erected on the large square called the Market. — 8. **Zeltwirtschaft**, 'life in tents.' — 27. The white flag was that of France, which had made terms with the Barbary pirates.

99. 10. **Meerenge**, the so-called *Bocca piccola* between Capri and Capo Minerva. — 17. **Wellenschlag**, say 'undercurrent.'

100. 4. **etwa**, 'as might have been expected.' — 11. **schweigend . . . gehabt**, 'had silently criticized.'

101. 5. **kehrt . . . zurück**, 'examine your own hearts.' — 13. **wenn anders**, 'if only.' — 17. 'St. Bartholomew, blessed St. Bartholomew!' — 22. **in die Augen fallend** = **augenfällig**, 'spectacular.'

102. 3. **wie . . . mochte**, 'whatever the cause may have been.' — 6. **Schmitze**, 'knot' on the end of a whip-lash. — 7. **einen Zug tut**, 'cracks it,' 'gives a cut.'

103. 2. A large Bible with copperplates that Goethe had seen as a boy.

105. 1. J. W. Volkmann in his *Historisch-kritische Nachrichten aus Italien.*

106. 8. Santa Lucia (pronounce *luchee'a*) is a ward of the city lying on the water. — 13. **einigen**, say 'two or three.' — 23. **sehr stark**, 'in large quantities.' — 25. **gesponnenen Honig**, 'virgin honey,' i.e. without the comb.

107. 2. **Gerätschaft**, 'kit.' — 7. **spannen**, 'measure' with thumb and finger. — 22. **Zirkel**, 'successive crops.'

108. 1. **Patron**, 'owner.' — 5. **Krämerei**, 'petty traffic.' — 8. **Herumträgern**, 'peddlers.' — 15. **Näscherei**, 'sweets.' — 21. **noch keine**, 'not yet a.' — 23. **zur Miete**, 'in lodgings.'

109. 4. **gesetzmäßig**, 'by the rules of the church.' — 24. **Rauschgold**, 'tinsel.'

110. 9. **gedämpft**, 'toned down.' — 14. Nettuno is a village on the coast south of Rome. — 19. Goethe had been making farewell calls. — 25. The Duchess of Giovane was a young Bavarian who was lady-in-waiting to the queen.

111. 12. **bei . . . Sonne,** 'it being now long after sunset.' — 16. **blitzartig,** 'as if by flashes of lightning.' — 19. **Wachstum,** 'vegetation.'

112. 6. **mit . . . Auge,** 'with some aid from a glass.' — 8. **der Nacht,** 'the dark background.' — 20. Goethe was on his way back to Rome, where he remained from June, 1787, to April, 1788. — 23. **und wenn,** 'even if.' — 24. **Flusse,** 'smooth stream.'

113. 1. **stetige Folge,** 'unbroken sequence.' — 7. **sich gibt,** shows himself.' — 12. **mich . . . behelfen,** 'make use of him.'

Zeitfracht Medien GmbH
Ferdinand-Jühlke-Straße 7
99095 Erfurt, Deutschland
produktsicherheit@kolibri360.de